www.tredition.de

AF185215

Ein Deutschlandcoaching

Demokratie
=
Volksherrschaft

Maria Oskar Demos

© 2017 Maria Oskar Demos
Umschlag, Illustration: Lara Kibat
Lektorat, Korrektorat: Dr. Nicola Peczynsky

Verlag: tredition GmbH, Hamburg

ISBN
Paperback   978-3-7439-1077-5
Hardcover   978-3-7439-1078-2
e-Book   978-3-7439-1079-9

Printed in Germany

Inhaltsverzeichnis

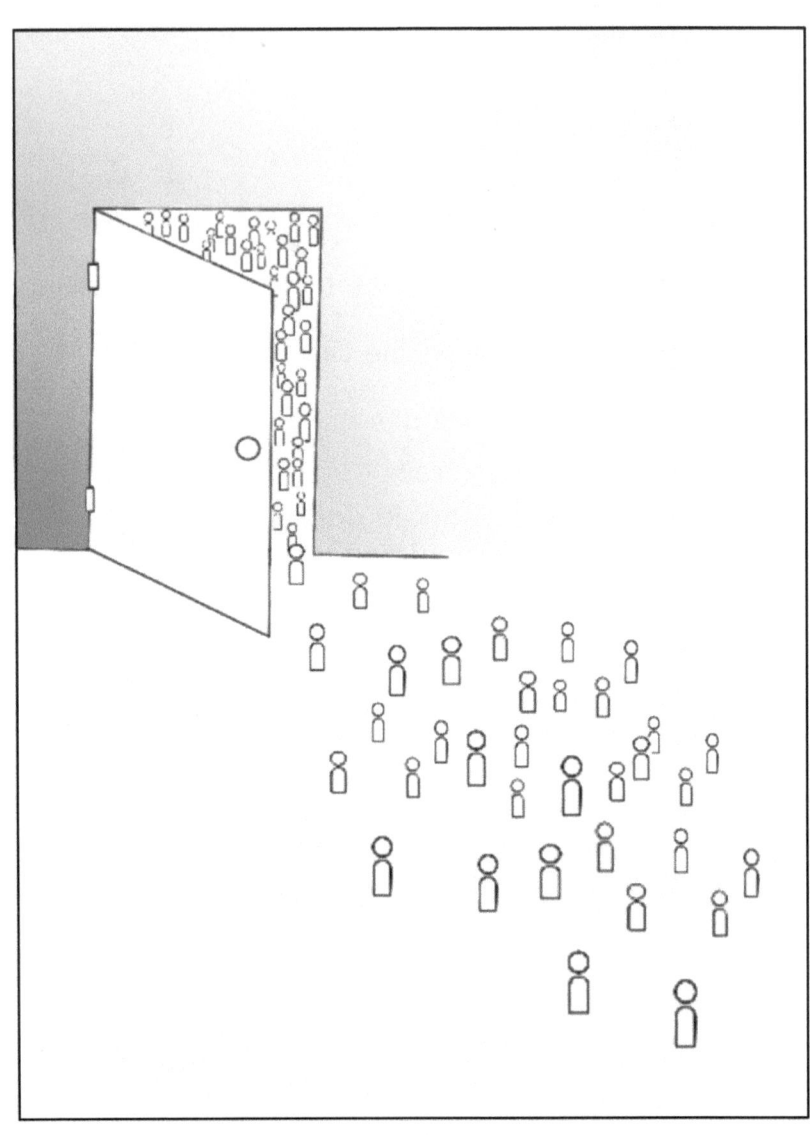

1. Deutschlandcoaching
– anstelle eines Vorworts

Liebe Leserin! Lieber Leser!

Endlich. Endlich ist es soweit: Am 24. September 2017 wird endlich wieder gewählt. Du und ich, wir dürfen dann den neuen Bundeskanzler wählen, vielleicht bleibt es auch die alte Bundeskanzlerin! Wählst Du eigentlich wirklich eine Person für dieses Amt? Also, nicht ganz: Es sind nur die Mitglieder des Bundestages, die Du und ich aussuchen dürfen. Und die wählen dann mit absoluter Mehrheit den Bundeskanzler oder die Kanzlerin.

Seit Wochen sind die führenden Protagonisten schon ganz aufgeregt und wetzen ihre Säbel. Während des Wahlkampfes werden wir wieder mit zahlreichen Partei-Werbespots im Radio und Fernsehen überschüttet und mit Millionen von Wahlplakaten soll unser Denken in eine Richtung gelenkt werden. Im Fernsehen können wir in unzähligen Diskussionsrunden die führenden Damen und Herren unserer politischen Parteien begutachten, die uns dann immer sagen, was in unserer Gesellschaft, in unserem Staat, in unserem Leben richtig und was falsch ist beziehungsweise falsch läuft. Und warum ich unbedingt zur Wahl gehen muss. Wir haben jetzt wieder Wahlkampf!

Wogegen wird eigentlich gekämpft? Das weiß ich auch nicht genau, aber alle nennen das Spektakel halt so. Dir und mir wird wieder einmal in den Kopf eingetrichtert: Noch nie war eine Bundestagswahl so wichtig wie diese! Du musst unbedingt wählen gehen! Jeder in diesem Land muss unbedingt wählen gehen!

Und – wirst Du wählen gehen? Und wenn ja, was wirst Du wählen und warum wirst Du genau diese Partei oder jene Person wählen?

Nun, Du könntest die Frage auch umdrehen – und mich fragen, ob ich an diesem, ach so demokratischen Vorgang teilnehmen werde. Also, ob ich wählen werde. Einfache Frage und doch so schwer zu beantworten: Ich weiß es noch nicht. Eigentlich will ich nicht. Denn: Was soll ich wählen? Bei genauerer Betrachtung haben doch alle Parteien, die bereits im „alten" Bundestag vertreten waren, ganz ähnliche, schwammige Aussagen. Einziges klar definiertes Ziel: Diese Parteien wollen gewählt werden mit ganz vielen unserer Stimmen. Aber für unsere Stimme, wenn wir sie ihnen tatsächlich geben, erhalten wir vorab und nach einem eventuellen Wahlsieg nur sehr vage und unpräzise Versprechungen.

Bei allen Wahlprogrammen, Aussagen von Politikern jeglicher Richtung und parteipolitischen Entscheidungen geht es nämlich nur um eins: um Geld, sehr viel Geld. Und es geht um Macht, die erhalten werden muss – um jeden Preis. Denn genau so stellen sich die Parteien eine gelebte Demokratie vor, also die Volksherrschaft. Alle vier Jahre darf und soll die Mitbestimmung ausgelebt werden, doch in Wirklichkeit ist es eine Nicht-Mitbestimmung des Volkes: Ran an die Urnen, wählen gehen, dann vier Jahre warten und dazwischen brav Steuern zahlen. Und den Mund halten!

Bei der Wahl zählt jede Stimme für eine Partei. Das Kreuz an der richtigen Stelle auf dem Wahlzettel ist ganz wichtig. Spätestens am Tag nach der Wahl wirst Du, werde ich, werden wir jedoch total unwichtig sein. Im politischen Alltag stören wir nur. Es sei denn, wir verweigern das Zahlen von Steuern. Später erkläre ich Dir, warum jede gewählte Stimme für die jeweiligen Parteien so wichtig ist.

Das bedeutet: Unser Staat setzt sich aus Bürgerinnen und Bürgern zusammen, die Jahr für Jahr Milliardensummen an unseren Staat spenden – sogenannte Steuern. Im Gegenzug erhält jede deutsche Frau und jeder deutsche Mann spätestens nach 48 Monaten die große, sensationelle Chance, die deutsche Politik mitzubestimmen – allerdings: nur mit zwei Stimmen bei der Bundestagswahl. Mit der ersten Stimme darf sie oder er den direkten Kandidaten im Wahlkreis bestimmen. Die Zweit-Stimme kommt einem Kandidaten auf der Landesliste einer Partei zugute. Das ist doch total super. Oder?

Na ja, geht so. Denn das war' s dann auch schon mit der Mitbestimmung! Mehr entscheiden dürfen wir in Deutschland nicht. Außer vielleicht als Mitglied einer Partei. Aber auch dort nur ganz vielleicht und auch nur mit Beziehungen und riesigen Netzwerken. Willst Du nämlich eine Idee durchsetzen, dann benötigst Du sehr viele Parteifreunde. Diese „Freunde" unterstützen Dich jedoch nur dann, wenn sie auch selbst einen Nutzen davon haben.

Politikerinnen und Politiker behaupten täglich und überall, dass wir in einem demokratischen Land leben dürfen. Oder mit anderen Worten: Das Volk hat die Herrschaft! Aber die Wahrheit ist – und zwar klar und deutlich: Wir dürfen alle vier Jahre wählen, doch nach der Wahl dürfen Du und ich, das Volk also, gar nichts mehr entscheiden! An unserer Stelle diktieren und entscheiden alles die Parlamente und die sind mit Technokraten und Parteisoldaten besetzt.

Ist es da verwunderlich, dass angesichts dieser Lüge von der Mitbestimmung – alle Macht geht vom Volk aus: von wegen! – immer mehr Menschen in Deutschland keine Lust mehr haben auf die derzeitige Art und Weise, wie Politik betrieben wird? Dass immer weniger Menschen bei Wahlen zu den Wahlurnen „rennen"?

Das zweite große Thema aller Wahlprogramme und parteipolitischen Entscheidungen: Geld, sehr viel Geld. Doch immer mehr Steuerzahler stellen fest, dass in ihrem Land, unserem Staat nicht im Sinne des vernünftig denkenden, pragmatischen Durchschnittsmenschen entschieden und gehandelt wird. Oder noch schlimmer: Lobbyisten bestimmen, welche Gesetze verabschiedet werden – und sorgen dafür, dass Gesetzesvorlagen, die ihren Interessen zuwiderlaufen, erst gar nicht ins Parlament kommen. Und damit der Steuerzahler möglichst nichts von diesem Gemauschel mitbekommt, wird ihm die Regel verkauft: Je komplizierter und komplexer die Verwaltungsabläufe, Vorschriften und Gesetzestexte sind, umso besser und sinnvoller sind die Entscheidungen der Parlamente.

Angeblich! Was für eine Lüge! Von wegen! Der gesunde Menschenverstand muss hier sogar weichen oder wird gar abgestempelt als sogenanntes „Stammtischgerede". Als ob an einem Stammtisch keine vernünftigen politischen Urteile möglich wären! Dabei ist es die Gegenseite, die selbst ernannte politische Elite, die über keine Argumente mehr verfügt und deshalb versucht, uns abzuwerten.

Aus diesem Grund finden die friedlichen und besorgten Demonstranten vor dem Hauptbahnhof in Stuttgart oder am Frankfurter Flughafen oder an der Güterzugstrecke entlang des Mittelrheins mit ihren vernünftigen Forderungen auch kein Gehör. Was hilft uns da das Demonstrationsrecht – wenn keiner der Verantwortlichen etwas ändert? Stattdessen werden diese Helden von einem Teil der politischen Presse als Wutbürger abgestempelt. Bloß nicht auf die eigene Bevölkerung hören, immer nach dem Motto: KEINE Diskussion! Politisches Leben soll nur kontrolliert in

Parteien stattfinden – so der Wunsch der politischen Klasse.

Vielleicht sollten wir diese Helden lieber als „Mut-Bürger" bezeichnen: Denn allen oben aufgezählten Problemfällen gehen langwierige, komplizierte und undurchsichtige Verwaltungsprozesse voraus, die oft Monate, Jahre, ja manchmal sogar Jahrzehnte dauern. Unsummen an Steuergeldern werden verplempert. Ich kann es nicht oft genug wiederholen: Diese braven Mut-Bürger, wir braven Einwohner, zahlen trotzdem täglich Steuern. Dafür werden wir mit technokratischen, verantwortungslosen Verwaltungsabläufen belohnt.

Doch was passiert, wenn wir den Staat bitter benötigen? Beispielsweise in Hinblick auf unsere Lebensmittel, unsere Mobilität und zur Regelung unserer Arbeitswelt (siehe Kapitel 4). Funktionierende Verwaltungen sind Mangelware, vielmehr erzeugen unsere Behörden nur Chaos. Da versagt der Staat!

In Deutschland werden die politischen Entscheidungen diktiert, von Parteipolitikern, von Funktionären, von Lobbyisten, von Technokraten und administrativen Kräften – aber nicht vom Volk. Mit fatalen Folgen für unsere Gesellschaft! Die Bundesrepublik Deutschland ist kein demokratisches Land, denn sie hat eben keine wirkliche Volksherrschaft. In einer Demokratie würde das Volk alles entscheiden und das würde vieles besser machen.

Wie kam es dazu? Warum haben wir Angst vor gesellschaftspolitischen Veränderungen? Wie könnte die Lösung aussehen? Was kannst Du tun?

Widersprechen wir endlich den alten, eingefahrenen, zu teuren und chaotischen Strukturen! Wenn die Bevölkerung ein Mitspracherecht hätte, könnten viele Steuern sinnvoller verwendet werden. Du und ich, wir alle müssen nur den Mut haben, die Verantwortung für ein gelebtes Deutschland und für eine gemeinsame Demokratie zu übernehmen. Nehmen wir uns ruhig den Querdenker Martin Luther, der gerade im Wahljahr 2017 gefeiert werden wird, zum Vorbild. Wir brauchen endlich Reformen und Neuerungen. Haben wir den Mut und die Kraft, die Martin Luther hatte! Es kommt eine spannende Zeit auf uns zu.

In den folgenden Kapiteln möchte ich Euch, aufgeschlossenem Leser und neugieriger Mut-Bürgerin, zeigen: Es gibt interessante neue Wege für Deutschland. Erwarte keine „Doktorarbeit", aber lass Dir die Fakten zeigen und meine Rückschlüsse daraus erklären. Dabei kann ich auf Zahlen (aus der Geschichte, aus Statistiken, aus Hochrechnungen sowie aus Schätzungen) nicht verzichten. Dennoch sind es spannende Seiten, die Dich erwarten. Und niemals nur kurzweilig. Denn es geht um Dich und mich und um unser Volk.

Es ist Zeit für eine Volksherrschaft! Wir sind reif für eine gelebte Demokratie in unserem Deutschland!

Viel Freude beim Lesen!

Maria Oskar Demos

PS: Im Sinne der Gleichbehandlung erwarten einige Menschen, dass ich beide Geschlechterformen verwende. Meiner Meinung nach macht dies einen Text allerdings unlesbar. Ein Beispiel: Wenn die Politikerin/der Politiker mit ihrer/seinem Parteikollegin/Parteikollegen eine gemeinsame Entscheidung treffen will, so wird sie/er mit ihr/ihm vorab in ihrem/seinem Büro ein intensives Gespräch führen!
Deshalb ziehe ich es vor, alternativ die männliche oder weibliche Form zu benutzen und auf diese Weise alle meine Leser anzusprechen.

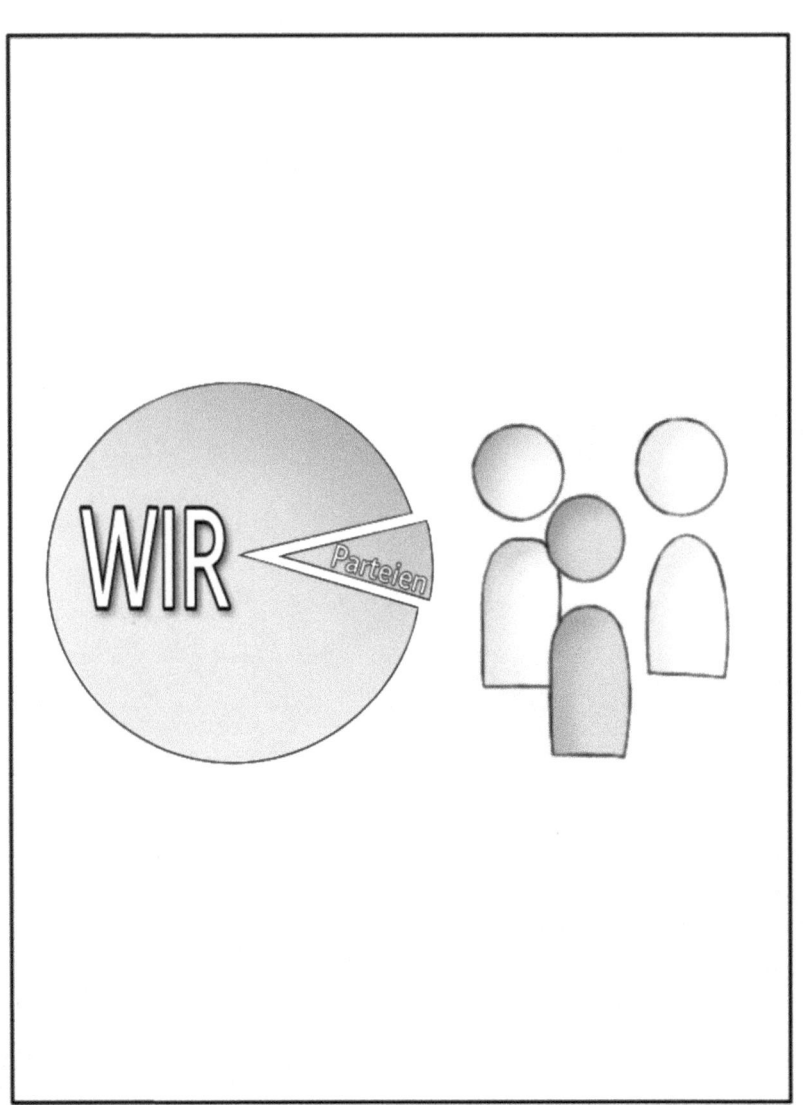

2. Parteien – wirklich ein Durchschnitt der Bevölkerung?

Du kennst diese Situation? Gemütlich fährst Du auf der Autobahn entlang. Noch etwa ein Kilometer und dann kommt die Ausfahrt, an der Du abfahren musst. Vor Dir und hinter Dir haben sich alle ordnungsgemäß auf der rechten Spur eingeordnet. Der Sicherheitsabstand zu dem vor Dir fahrenden Fahrzeug passt. Noch 200 Meter, noch 100, noch 50, noch 20 Meter. Du ziehst in die eigens für die Ausfahrt vorgesehene Spur. Und plötzlich – aus dem Nichts heraus – kommt so ein arroganter Blödmann angebrettert, schneidet Dich und zieht von ganz links nach ganz rechts, drängelt sich vor Dir noch schnell in die Lücke. Du musst scharf abbremsen! Und dann regt sich der Typ hinter dem Lenkrad auch noch darüber auf, dass Du ihn angehupt hast. Manchmal macht so ein Mensch sogar extra eine Vollbremsung, sodass Du blitzschnell reagieren musst. Deinen Herzschlag spürst Du noch im kleinen Zeh an Deinem rechten Fuß.

Eine solche Situation kannst Du so oder ähnlich überall im Alltag erleben – ob die unverschämten Drängler auf der Autobahn oder beim Bäcker, ob beim Ausstieg aus dem Bus oder wo auch immer. Arrogante, überhebliche „Stinkstiefel", sogenannte Alphatiere, erobern sich rücksichtslos mithilfe ihrer Ellenbogen ihren vermeintlich verdienten Platz in der Gesellschaft.

Nun, natürlich besitzen nicht alle Mitglieder einer Partei in Deutschland diese Eigenschaften, doch für zahlreiche Mandatsträger gilt dies schon. Ellenbogen-Kämpfer, die sich um jeden Preis durchsetzen. Und die dann auch den Ton angeben, sprich: sich massiv für ihre persönlichen Interessen und Belange einsetzen.

Grundsätzlich stellt sich ja die Frage: Warum sind so wenig Bundesbürger Mitglied einer Partei? Nehmen wir einmal die nackten Zahlen: Im Jahr 2014 besaßen insgesamt 1.257.456 Deutsche von ca. 82 Millionen Einwohnern ein Parteibuch (einer etablierten politischen Partei: CDU, SPD, CSU, die Linken, Bündnis90/die Grünen, FDP oder AfD). Großzügig aufgerundet sind das ca. 2% der deutschen Bevölkerung, also 2 von 100 Personen!

Allerdings sind in der Regel nicht alle Mitglieder aktiv, nur ganz wenige arbeiten mit und engagieren sich. Insgesamt kannst Du davon ausgehen, dass ca. 10% der Mitglieder aktiv Parteiarbeit leisten. Bei ca. 1,5 Millionen Parteiangehörigen sind dies, großzügig aufgerundet, 150.000 Menschen in Deutschland. Doch diese 0,18% der Bevölkerung bestimmen unser politisches Leben!

Denn aus diesen 150.000 Mitbürgern gehen dann die Mandatsträger hervor – Mitglieder von Stadträten, Kreistagen, Landesparlamenten, vom Bundestag und

Europaparlament. Sie sind die Verantwortlichen und die Entscheidungsträger. Sie haben die Macht und das Sagen in Deutschland. Sicherlich: Sehr viele haben sich hochgedient, einen langen, oft hart erkämpften Weg hinter sich. Dabei ist eine rücksichtslose Mentalität jedoch von entscheidender Bedeutung, um die zahlreichen „Ellenbogen-Kämpfe" zu gewinnen. Es geht darum, innerhalb einer Partei viele Anhänger hinter sich zu scharen und diese Macht dann zu erhalten.

Das sind die typischen Alphatiere – vor allem Männer (im Durchschnitt liegt der Männeranteil in allen Parteien bei ca. 80%). Doch die Frauen holen auf und benehmen sich in Führungspositionen mindestens genauso schlimm wie ihre männlichen Kollegen. In der Tierwelt bezeichnet es das in der Rangordnung am höchsten stehende Tier. Folglich kann man für den Menschen festhalten, dass es sich bei Alphatieren um sehr hierarchisch denkende, rücksichtslose, selbstverliebte, machthungrige und nicht kompromissbereite Zeitgenossen handelt.

Im Allgemeinen hat es das weibliche Geschlecht sehr schwer in der deutschen Politik, denn im parteipolitischen Alltag gibt es für Frauen, die sich politisch engagieren wollen, immer noch gravierende Nachteile. Wahrscheinlich passen Damen einfach nicht in die korrupte, hinterhältige Welt der Politik, um dort ihre Interessen durchzusetzen. Dies ist nichts für sozial denkende Frauen. Daher sind auch nur ca. 20% der Parteimitglieder weiblich. Das setzt sich dann bei den Ministerposten oder den Spitzenämtern in den Verwaltungen fort und gilt auch für die Wirtschaft. Und falls doch einmal eine weibliche Führungskraft auftaucht, neigt sie leider oft dazu, die schlechten Charaktereigenschaften ihrer männlichen Kollegen zu überbieten.

Natürlich, wenn Du einen solchen Zeitgenossen kurz vor Wahlen an einem Wahlstand in Deiner Fußgängerzone antriffst, da ist er super freundlich, zuvorkommend und total tolerant. Denn diese Person lechzt ja nach Deinem Kreuz auf dem Wahlzettel.

Du glaubst mir nicht? Dann probiere es einfach aus. Geh auf eine Politikerin zu und stell ihr oder ihm eine simple Frage. Tu zunächst so, als ob Du den Standpunkt der Partei unterstützt. Wenn Du Dich dann über einen zentralen Sachverhalt, den diese Partei vertritt, negativ äußerst, wird der Politiker dennoch versuchen, Dich immer noch glauben zu lassen, dass seine Partei genau die richtige für Dich ist. Also: Bitte wähle mich! Doch lass Dich nicht blenden. In Zeiten ohne Wahlkampf kannst Du den Versuch ja einmal wiederholen. Die gleiche Politikerin wird Dich einfach abbügeln.

Doch mein größter Vorwurf an die politische Klasse: Die heutigen Strukturen innerhalb der Parteien – das gegenseitige Mobben, Treten und Intrigieren – fördern das Emporkommen fieser Karrieristen, denn diese sind die größten Experten solcher Strukturen. Die unerbittlichen Parteihierarchien durchlaufend, der Parteitreue unterworfen und eingeschnürt in administrative und rechtliche Zwänge fehlt ihnen jeglicher Weitblick. Ja, sie haben gar kein Interesse an einer „großen Lösung". Daher müssen wir in der derzeitigen Politiklandschaft auf jegliche wirkliche Staatsmänner und -frauen verzichten.

Sehr viele Politiker sind aalglatte Selbstdarsteller. Du kannst sie nicht richtig packen, denn ihre Argumentationen sind absolut perfekt. Doch statt globaler Weisheit ist ihnen das punktuelle Wohl ihrer Partei wichtiger.

Und es kommt noch schlimmer: Diese „Politik-Bestimmer" sind nicht nur die größten Herumtaktierer, sondern sie nutzen ihre Parteikontakte gnadenlos dazu aus, um eine berufliche Karriere zu starten. Deshalb findest Du gewiefte und treue Parteisoldaten in Behörden, Verwaltungen und staatsnahen Unternehmen sowie auf allen Ebenen (auf kommunaler, Länder- und Bundesebene). Du willst Beispiele? Alle bisherigen Präsidenten der Arbeitsagentur hatten ein Parteibuch und auch unsere Bundesrichter sind entweder Parteimitglied (oder werden zumindest von einer Partei taktisch eingebracht und durchgesetzt.) Dasselbe gilt für Unternehmen, die in der Vergangenheit einmal dem Staat gehörten. Erinnere Dich nur an den Skandal um den Vorstandsposten bei der Deutschen Bahn AG (Inhaber aller nennwertlosen Stückaktien ist die Bundesrepublik Deutschland, somit ist die Deutsche Bahn AG ein privatrechtlich organisiertes Staatsunternehmen, das uns allen gehört!), der jüngst extra für den ehemaligen Bundesminister für besondere Aufgaben und Chef des Bundeskanzleramtes geschaffen wurde. Dieser ehemalige Politiker und Parteisoldat soll laut Medien ein jährliches Gehalt von 679.200 Euro Euro bekommen. Kleiner Exkurs: Ein Lokführer, etwa 50 Jahre alt, verdient etwa 37.396 Euro – wohlgemerkt im Jahr.

Ehemalige Minister, Staatssekretäre, Bundeskanzler ... verspüren oft nach dem Verlassen des Amtes ein reges Interesse nach weiteren intensiven Betätigungen, zum Beispiel als Berater für was auch immer. Oft besitzen sie zudem einbringende Aufsichtsratsmandate. Erst mit der Partei eine staatliche Karriere machen, dann sich lukrativere Geldeinnahmequellen erschließen!

Doch kehren wir zurück in die Zentrale der Partei. Grundsätzlich gibt es zahlreiche, wichtige Parteiregularien, die sehr komplex und undurchsichtig sind. Ich will versuchen, sie Dir zu erklären, damit Du die Abläufe innerhalb einer Partei etwas besser verstehst. Abgesehen von minimalen Unterschieden in den einzelnen Parteien musst Du Dir dies ungefähr so vorstellen:

Auf kommunaler Ebene gibt es die sogenannten Ortsvereine, wo die meisten neu eingetretenen Mitglieder landen. Meistens findet einmal im Jahr ein Ortsverein-Parteitag statt. Alle Mitglieder dürfen kommen und über Anträge abstimmen. Gewählt wird ein neuer Parteivorstand, bestehend aus einem Vorsitzenden, Stellvertretern, einem Kassenwart und manchmal einem Schriftführer. Diese Ämter sind in den Regularien festgelegt. Darüber hinaus können diverse Beisitzer gewählt werden und der Vorstand kann auch Personen ernennen, die zwar nicht mitstimmen dürfen, aber beratend ihre Meinung vertreten. Ferner werden auf dem Parteitag die Delegierten für die nächsthöhere Ebene gewählt, für den Unterbezirk oder den Kreis.

Um es einfacher zu machen, tun wir mal so, als ob es hier nur den Kreis gibt. Dieser veranstaltet wieder einen Parteitag, auf dem dann wiederum ein Vorstand gewählt wird. Er besteht aus denselben Mitgliedern wie im Ortsverein. Und natürlich werden auch wieder Delegierte gewählt: für den Landesparteitag, für den Bundesparteitag, für den Europa-Parteitag. Es ist fast dasselbe – nur eben alles auf Kreisebene. Diese oben genannten Vorstandsregularien im Ortsverein können größtenteils auf alle Ebenen (Landesebene, Bundesebene etc.) übertragen werden. Darüber hinaus findest Du außerdem Parteikonvente, Kontroll- und Schiedskommissionen und Parteigerichte (jeweils auf Bundes-, Landes- und Kreis-Ebene) und daneben gibt es unzählige Ausschüsse, die alle beratend helfen sollen.

Das alles ist sehr diffus und unverständlich für Außenstehende, wie wir es sind. Trotzdem hoffe ich, das System ist Dir einigermaßen klar geworden, aber ich gebe zu, dass auch ich es schwer verständlich finde.

Unsere Verwirrung ist jedoch leider ganz im Sinne der führenden Verantwortlichen. Sie möchten nämlich nicht, dass wir, die „normalen Bürger", diese internen Parteiprozesse und -strukturen sofort verstehen. Allerdings tummeln sich in den Parteien, besonders in deren Leitungsgremien, Menschen herum, denen solche Abläufe aus ihrer beruflichen Welt sehr vertraut sind (sehr oft Verwaltungsfachleute und Juristen). So ist es nicht verwunderlich, dass es nicht um das Wohl der Menschen geht, sondern dass sich diese Männer und Frauen hauptsächlich mit Vorschriften und Leitlinien befassen. Eine Partei ist straff organisiert mit unzähligen rechtlichen Einschränkungen: u. a. Parteisatzungen und Statuten sowie Geschäfts- und Schiedsordnungen. Darüber hinaus gibt es ein Parteiengesetz und verschiedene Bundeswahlgesetze – alles auf der Basis unseres Grundgesetzes, festgelegt im Art.21, Abs. 1:

„Die Parteien wirken an der Bildung des politischen Willens des Volkes mit. Ihre Gründung ist frei. Ihre innere Ordnung muss demokratischen Grundsätzen entsprechen. Sie müssen über die Herkunft und Verwendung ihrer Mittel sowie über ihr Vermögen öffentlich Rechenschaft geben."

„Ihre innere Ordnung muss demokratischen Grundsätzen entsprechen." Aha?! In Wirklichkeit ist es für einfache Parteimitglieder jedoch fast unmöglich, das Parteisystem zu verstehen und somit ein politisches

Ziel durch alle Instanzen hindurch durchzusetzen. Und es gibt ein weiteres Hindernis: Je höher die Parteiebene, desto seltener tagen die Parteimitglieder. Denk nur an die Bundesparteitage, die vielleicht ein- oder zweimal im Jahr stattfinden. Das Parteiengesetz schreibt sie sogar nur einmal alle zwei Jahre vor. Darüber hinaus sind Parteitage in der Regel viel zu kurz: Im Höchstfall tagen die Delegierten an drei aufeinander folgenden Tagen. Da soll dann in Windeseile über komplexe Themen entschieden werden.

Ein Durchdenken, Analysieren und Hinterfragen der vorhandenen Probleme in unserem Land ist unter diesen Umständen in einer Partei nicht durchführbar! Wenn Du und ich das politische Leben in Deutschland beobachten, müssen wir leider feststellen: Eine genaue Analyse ist auch gar nicht erwünscht! Ganz zu schweigen von „demokratischen Grundsätzen".

Doch leider muss ich Dir sagen, das sind noch nicht genug Schwierigkeiten: Willst Du Deine Ideen in einer Partei durchsetzen, dann bedarf es nämlich eines riesigen Netzwerkes. Unzählige Gespräche und kumpelhaftes Getue nach dem Motto: Helfe ich Dir, mein Parteifreund, dann hilfst Du mir auch irgendwann. Das Gegenteil tritt allerdings noch schneller ein, dass also „Parteifreunde" gegen Dich arbeiten. Es gilt nämlich der Satz: Hast Du Parteifreunde, brauchst Du keine Feinde mehr! Ein völlig absurde Situation, denn einerseits traut keiner keinem und andererseits benötigt jedes (zukünftige) Führungsmitglied ein überlebenswichtiges soziales Netzwerk. Während seiner Regierungszeit urteilte Bundeskanzler Helmut Kohl denn auch so über seinen Arbeitseinsatz: „Mindestens ein Drittel meiner Tätigkeit ist Parteiarbeit!" Mit anderen Worten: Unser Bundeskanzler hat nur ca. 70% seiner täglichen Arbeit Deutschland gewidmet, weil er gleichzeitig auch Bundesvorsitzender einer Volkspartei war! Die restliche Zeit wurde taktiert, „genetzwerkt" und „Stimmung gemacht". Damals noch per Telefon wurden unzählige „Helmut-Kohl-Mitglieder" kontaktiert, zum Geburtstag angerufen, verbal gestreichelt und auf Linie gebracht. Heute sind weitere Kommunikationsmittel aus dem Bereich Social Media hinzugekommen: SMS, E-Mail, twitter und facebook.

Vielleicht ähneln diese parteiinternen Verhältnisse der Situation in manchen Familien: Man schlägt aufeinander ein, doch man verträgt sich auch wieder und hält zusammen. Doch noch besser kannst Du dieses „Miteinander" in einigen Unternehmen antreffen. Alpha-Männer und Alpha-Frauen dominieren dort die täglichen Kommunikationskanäle mit diversen Hetzkampagnen. Dieser besondere Menschenschlag findet sich mit seiner „Ich-baue-und-stärke-mein-Netzwerk-Politik" in jeder Partei wieder – dort aber ist dieses Verhalten um ein Vielfaches ausgeprägter.

Dies möchte ich Dir gerne anhand eines Beispiels erläutern, bei dem die Personen zwar erfunden sind, aber die Vorgänge sich so ereignet haben: Untersuchen wir einmal eine große Volkspartei mit ihren diversen Ortsverbänden in einer Großstadt. Der Bezirksparteitag steht vor der Tür, auf dem ausgekungelt werden soll, wer auf dem folgenden Landesparteitag den besten Platz auf der Landesliste erhält und später vielleicht einmal in den Bundestag einzieht. Der Kandidat benötigt hierfür vor allem die Unterstützung vieler Parteifreunde. Doch längst nicht alle Mitglieder sind mit dem Kandidaten einverstanden. Das Hauen und Stechen geht los. Hier die Protagonisten: Kalle (Karl-Heinz aus dem Ortsverein Langenhorn), Didi (Dieter vom Ortsverein Hohenschönhausen), Mazzel (Marcel vom Ortsverein Nymphenburg), Walburga (vom Ortsverein Connezwitz) und Burkhard (Ortsverein Möhringen).

- Kalle ist und bleibt ein alter Haudegen. Etwas zu klein und gedrungen betritt er jeden Raum schnell und hastig. Er raucht wie ein Schlot, deshalb seine rauchige, aber durchdringende Stimme. 30 Kilo weniger würden ihm gut stehen. In der Gewerkschaft hat er sich hochgearbeitet, er ist seit Jahren im Betriebsrat und im Stadtrat. Seine große Hausmacht basiert auf Intrigen, so hat er es bis zum Fraktionsvorsitzenden gebracht. Doch hat Kalle auch wie kein anderer ein Gefühl für sein Publikum, er kann die Menge rhetorisch mitreißen. Blitzschnell nimmt er Stimmungen wahr und ändert mitten im Satz die Pointe – der Saal jubelt.

Allerdings sehen viele, denen er auf den Fuß getreten ist, seine Macht bröckeln und versuchen, ihn abzuservieren.

- Didi ist ein aalglatter Jurist. Rhetorisch sehr begabt kann er jeden verbalen Angriff in einen Sieg verwandeln. Er hört grundsätzlich nur das, was er hören will. Sein Ortsverein steht zwar hinter ihm, empfindet den selbstständigen Rechtsanwalt aber als Fremdkörper, obwohl er sich als Hauptkompanie-Chef in der Schützenbruderschaft „Gelber Vogel" engagiert und damit den Heimatverein hinter sich hat. Didi ist groß und schlank, seine Golfstunden hält er strikt ein. Er will unbedingt in den Bundestag einziehen.

- Walburga ist die gute Seele in ihrem Ortsverein. Geliebt, unterstützt und doch gefürchtet. Sie arbeitet als Verwaltungsfachangestellte bei der Arbeitsagentur und ist ebenfalls Stadträtin. Keiner sollte es sich mit ihr verscherzen, doch wen sie einmal ins Herz geschlossen hat, der wird von ihr gefördert, aber auch gefordert. Walburga ist sehr eloquent und beherrscht die Politikersprache. Sie ist ein guter Kumpel, doch wer sie unterschätzt, hat schon verloren.

- Burkhard ist in der Partei sehr beliebt. Seit Jahren ist er Kreisvorsitzender. Er hat einen sehr kollegialen Führungsstil, ist wie ein gütiger Erzieher, ja wie ein Vater. Obwohl er schon

zweimal seine Ehefrauen zu Grabe tragen musste, ist er nicht verbittert, ein gewisser Schalk
sitzt ihm im Nacken. Ursprünglich Redakteur
schreibt er nur noch gelegentlich für philoso-
phische Zeitschriften. Der sympathische Burkhard genießt überall hohe Anerkennung, man
hört auf sein Urteil. Er hält es mit Matthias
Claudius: „Beurteile einen Menschen lieber
nach seinen Handlungen als nach seinen Worten; denn viele handeln schlecht und sprechen
vortrefflich." Seit Jahren sitzt er schon im Stadtrat unter dem Fraktionsvorsitzenden Kalle.

- Mazzel ist in der Partei der Neuaufsteiger. Einst
  hatte er Bäcker gelernt, dank harter Disziplin
  holte er dann neben seinem Beruf das Abitur
  nach und absolvierte auch noch erfolgreich das
  Studium zum Bauingenieur. Mazzel ist zuverlässig, gradlinig, knapp und prägnant. Bei seinen Mitarbeitern gilt er als sehr gerechter und
  energischer Gruppenleiter. Mit seiner Jugend-
  liebe und jetzigen Ehefrau hat er 7 Kinder. Er
  ist praktizierender Katholik.

Dies sind die Rahmenbedingungen, das Geschacher
kann losgehen:

Ein Partei-Freund wird auf Mazzel aufmerksam, als
in der Bundestagsfraktion ein Bauingenieur für den
Bauausschuss benötigt wird. Damit steigen seine
Aussichten auf einen guten Listenplatz für die Bundestagswahl ungemein. Denn Burkhard und Walburga würden Mazzel auf dem bevorstehenden Parteitag

als Kandidaten für die Kreisebene vorschlagen. Eine satte Mehrheit wäre ihm gewiss. Alles scheint gut und sicher abgesprochen zu sein.

Eigentlich. Denn Didi schäumt und kocht, weil er doch in den Bundestag will. Nicht dieser loyale Mazzel soll es sein, der schon so lange verheiratet und darüber hinaus auch noch ein praktizierender Katholik ist. Mazzel hätte doch gar keinen „Stallgeruch"! Aber er, Didi der Große, er hat doch die besten Voraussetzungen – zumindest aus seiner Sicht. Was hat er sich bisher schon aufgeopfert. Deshalb muss nun Kalle helfen, denn Didi hat dem Kalle auch schon öfters geholfen. Juristisch wie auch privat. Didi hat zum Beispiel dafür gesorgt, dass Kalle bei den Schützen und im Heimatverein sehr gut angesehen ist.Und er darf sogar in Didis exquisitem Golfclub mitspielen. Kein Wunder also, dass Kalle nun diverse Telefonate für seinen Freund Didi führt. Allerdings kommt ihm dabei Walburga in die Quere, die die beiden sowieso nicht leiden kann. Also werden weitere Telefonate und konspirative, geheime Treffen auf allen Seiten durchgeführt.

Burkhardt ist es, der alles erfährt. Als Kreisvorsitzender gibt er die grobe Richtung vor und hat quasi das Sagen. Doch er ist so lustlos, ja so amtsmüde. In einem längeren Telefonat erklärt er Walburga, dass Didi auf dem Kreisparteitag wahrscheinlich die Mehrheit der Delegierten für sich gewinnt. Er könne nichts dagegen machen. Immerhin habe er jedoch Kalle gedroht, dass er nur dann bei diesem Geschacher mitmachen würde, wenn Mazzel der nächste Kreisvorsitzender der Partei werde. Er, Burkhard, werde zugunsten von Mazzel abdanken. Auf dem bevorstehenden Parteitag soll deshalb zunächst die Wahl von Mazzel durchgeführt werden, ehe über Didi und seinen Platz auf der Landesliste diskutiert und abgestimmt wird.

Fazit: Alle sind zufrieden und begrüßen dieses Vorgehen.

Und wie wird dieses Geschacher um die Kandidaten, die uns dann in den Parlamenten vertreten sollen, finanziert? Die Finanzierung der Parteien ist ein Kapital für sich. Sie basiert auf vier Säulen. Zuerst sollten die monatlichen Mitgliedsbeiträge eine Partei finanzieren, die von Partei zu Partei unterschiedlich hoch sein können. Die zweite Säule sind die Spenden. Jeder von uns, also auch Du und ich, kann ohne Parteiausweis jederzeit Geld an eine Partei spenden. Spenden über 10.000 Euro müssen veröffentlicht und Spenden über 50.000 Euro müssen dem Bundestagspräsidenten mitgeteilt werden. Ein Spender kann keine Gegenleistung für seine Spende erwarten – aber wer, bitteschön, kann das eindeutig nachweisen?

In den Rechenschaftsberichten der einzelnen Parteien wird zwar unterschieden zwischen Spenden von natürlichen Personen (damit sind Du und ich gemeint) und von juristischen Personen. Bei letzteren handelt es sich um ein selbständiges Organ (wie sich das anhört!), der die Rechtsordnung eigene Rechtsfähigkeit zuerkennt und damit die Fähigkeit durch eigene Organe ... blablabla ... also zum Beispiel könnte das eine Firma sein. Eine Firma, die in einem Register offiziell eingetragen wurde (wie eine GmbH oder eine Aktiengesellschaft).

Darüber hinaus haben Parteien Anspruch auf Geld vom Staat, also auf eine staatliche Teilfinanzierung! Voraussetzung ist, dass sie bei der letzten Europa- oder Bundestagswahl mindestens 0,5% oder bei der letzten Landtagswahl mindestens 1% der abgegebenen gültigen Zweitstimmen erreicht haben. Zum Vorteil der Parteien werden dabei alle Stimmen aus der letzten Bundestags- und Europawahl sowie aus den letzten Wahlen in den einzelnen Bundesländern zusammengezählt. Für 4 Millionen Stimmen erhalten die Parteien 85 Cent pro Stimme, für jede weitere Stimme 70 Cent. Darüber hinaus bekommen sie jährlich 38 Cent für jeden Euro, den sie als Zuwendung in Form von Mitglieds- oder Mandatsbeiträgen und Spenden erhalten haben, wobei nur Zuwendungen bis zu 3.300 Euro berücksichtigt werden.

Alles verstanden? Nein? Insgesamt verteilte der Staat im Jahr 2014 156,7 Millionen Euro Steuergelder an die Parteien! Dies bedeutet: Wenn Du oder ich bei den nächsten Wahlen tatsächlich unsere Stimme abgeben, dann erhalten die Parteien dafür automatisch Geld vom Staat!

Halten wir also fest: Die meisten Durchschnitts-bürger in Deutschland sind nicht vom Politiker-Gen infiziert. Menschen, wie Du und ich, die ganz normal denken. Aktive Beteiligung am politischen Geschehen in Deutschland? Fehlanzeige! Leider haben deshalb „die da oben", die Verantwortlichen, Narrenfreiheit. Und eine komplexe, aufgeblähte Parteienstruktur sorgt dafür, dass sich unter den Mächtigen vor allem Juristen, Staatsdiener oder Experten aus den staatlichen „Verwaltungsanstalten" tummeln. Der Durchschnitt, also wir „Normalos", sind nicht ver-treten. Natürlich macht sich dieser Missstand auch in unseren Parlamenten bemerkbar. Insbesondere im Bundestag findest Du keine Krankenschwester, keinen Taxifahrer, keinen Künstler, keine Kellnerin, keine Friseusen, keinen Piloten, keinen Raumpfleger – die Reihe könnte ich endlos fortführen. Der Grund: Die Personalbesetzung in den Parlamenten (insbe-sondere auch im Bundestag) basiert auf den Kan-didatenlisten in den einzelnen Parteien und dort mischen in erster Linie Personen mit, die sich mit parteiinternem Geschacher und wirksamem Intri-gieren exzellent auskennen.

Aufgrund dieser Zusammenhänge ist es kein Wun-der, dass die Bevölkerung sich von der Politik und den Parteien immer weiter distanziert. Du könntest auch von Politikverdrossenheit beziehungsweise von Parteienverdrossenheit sprechen – ich würde Dir uneingeschränkt zustimmen. Auch der verstorbene Bundespräsident Richard von Weizsäcker würde uns recht geben. Schon 1992 hatte er in einem Interview mit der „Zeit" den Zustand der deutschen Demokratie scharf kritisiert. Deutschland, so sagte er, sei zu einer „Parteiendemokratie" geworden: Die Parteien hätten ihre Macht weit über die ihnen im Grundgesetz zugedachte Rolle hinaus ausgedehnt, beherrschten die Verfassungsorgane und versuchten zu verhindern, dass sich die Bürger stärker am demokratischen Prozess beteiligten. Weizsäckers Thesen erzeugten in der öffentlichen Diskussion ein starkes Echo. Während die meisten Parteien sie ablehnten, begrüßte die Bevölkerung, also Menschen wie Du und ich, die Meinung des Bundespräsidenten. Dabei hatte er nur eine bis dahin zwar nicht öffentlich gemachte, aber unterschwellig bereits seit längerem existierende Tendenz des politischen Lebens in Deutschland erkannt, aufgegriffen und offen thematisiert. Geändert hat sich seit 1992 nichts, gar nichts. Wen wundert es? Im Gegenteil: Die Macht der Parteien diktiert das politische Geschehen!

Es darf deshalb niemanden wundern, dass die Bevölkerung mit diesen politischen Strukturen in unserer angeblichen Demokratie unzufrieden ist. Wäre sie nämlich mit unserem Parteiensystem einverstanden, dann würden sich viel mehr Menschen in den einzelnen Parteien engagieren. Doch die Mitgliederzahlen sind seit Jahren rückläufig. Die Zufriedenheit mit diesem System geht gegen Null, die Unzufriedenheit wächst.

Hierfür gibt es ganz unterschiedliche Gründe: Denk einmal an meinen Anfang, an die besagten Alphatiere, die gnadenlos und ohne Erbarmen ihre Ziele mit einer gehörigen Portion Opportunismus verfolgen. Sicherlich liegt es auch an den chaotischen parteiinternen Strukturen, an dem Undurchsichtigen und Unmenschlichen. Wir sind halt nicht so machtgeil! Uns fehlt die nötige Besessenheit, der nötige Fanatismus. Stell Dir immer wieder die Frage: Warum bin ich in keiner Partei? Warum lehne ich dies ab? Warum wollen sich nur so wenige Deutsche in einer Partei (mit abnehmender Tendenz!) engagieren?

Wie sagte einmal Voltaire:

„Fanatismus führt zum Verbrechen!"

Du und ich, wir befinden uns mit dieser Parteienablehnung in bester Gesellschaft!

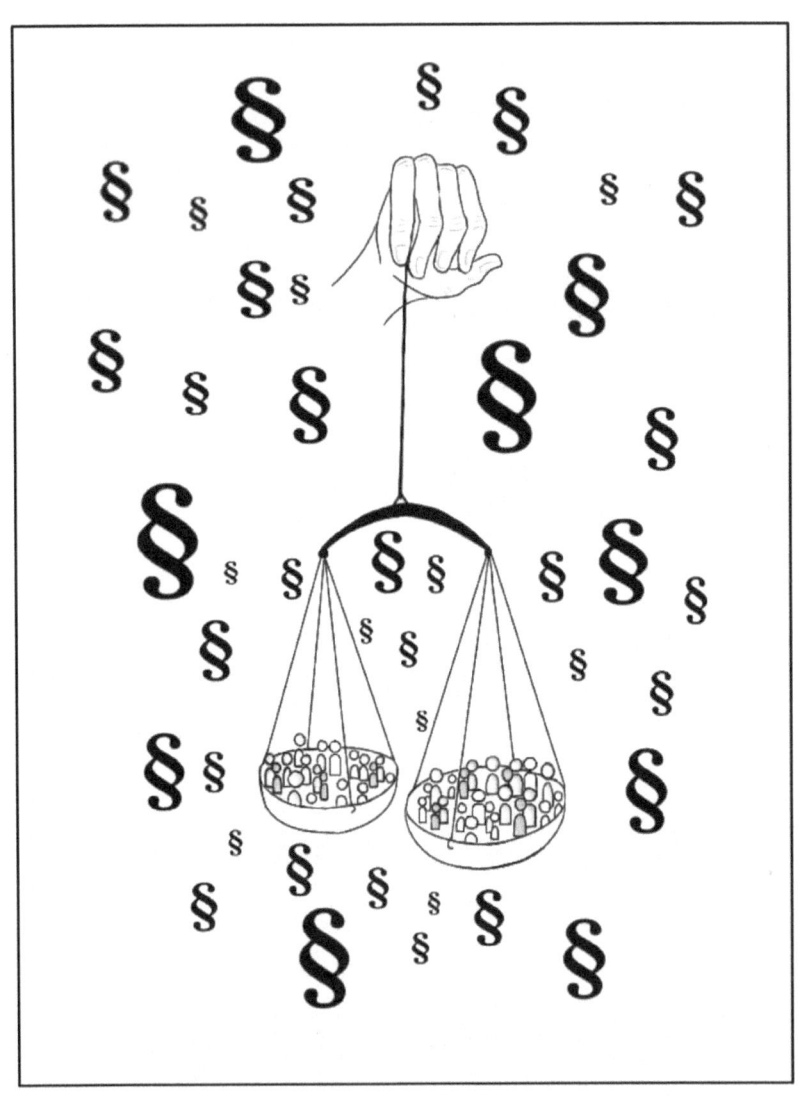

3. Staat und Administration – was ist die Grundlage für alles?

Warum meckere ich so oft über unsere Bundesrepublik Deutschland? Denn eigentlich sollte ich doch sehr dankbar für diesen, unseren Staat sein: Wir dürfen in einer Zeit des Friedens in Westeuropa leben, das war oft genug anders im 20. Jahrhundert. Wir haben genug zu essen und sauberes Trinkwasser. Letzteres wird sogar jeden Tag im Labor untersucht und steht uns an (fast) jedem Wasserhahn zur Verfügung. Und schließlich gibt es kaum Stromausfälle in unserem Land.

Und dennoch spüre ich, dass außer mir auch sehr viele andere Menschen extrem unzufrieden in unserem Land sind. Sie meckern genauso wie ich. Teilweise eskaliert die Wut, wandelt sich hin zum Fanatismus, gar zur Ablehnung der Politik. Manchmal fühle ich, dass wir Menschen, also Du und ich, gar nicht mehr im Mittelpunkt unseres Staates stehen. Dass es gar nicht mehr um uns geht.

Der Grund dafür liegt für mich im ganzen staatstragenden System, denn dieses kreist ausschließlich um sich selbst. Es dreht sich im Kreis wie ein Hamster in seinem Laufrad. Es läuft und läuft und läuft – und nichts passiert. Die traurige Wahrheit ist doch, dass es nicht um Dich oder mich oder um uns Menschen geht, sondern nur um den Erhalt dieses bestehenden Systems. Einerseits das System der großen, undurchsichtigen Administration, das System der Parteien, das System des Lobbyismus. Und andererseits der im Stich gelassene, einsame Bürger. Alles ist so wichtig, nur er nicht.

Leider ist dies alles verankert in unserem Grundgesetz (GG). Unverrückbar festgeschrieben, obwohl weder Du noch ich noch sonst irgendjemand über dieses so wichtige Gesetzeswerk je abstimmen durfte.

Versuchen wir das GG, die Grundlage unseres Staates, ein wenig aufzudröseln. Begeben wir uns auf die Suche nach seinen Unzulänglichkeiten und Fehlern.

Nehmen wir einmal den ersten Artikel. Hört er sich nicht zunächst wunderbar an? Klar und deutlich sagt er: „Die Würde des Menschen ist unantastbar."

Doch was bedeutet das für Dich und mich? Dazu folgendes, frei erfundenes Beispiel: Angenommen wir beide fahren in demselben Bus. Du willst aussteigen und ich stehe vor Dir und lasse Dich nicht durch. Ich habe keine Lust, weil der Bus sehr voll ist und ich mich für Dich in die Menge quetschen müsste. Du fragst mich höflich, einmal, zweimal, dreimal – und jedes Mal wirst Du lauter. Dürftest Du mich überhaupt anschreien oder ist dies schon ein Verstoß gegen meine „Würde"? Und was ist mit Deiner „Würde"? Wurde sie bereits durch meine Weigerung, zur

Seite zu treten, verletzt? Du siehst die Schwierigkeiten bei der Interpretation.

Wäre es da nicht sinnvoller, diesen Artikel in
unmissverständlichen Worten neu zu schreiben? In
einer Sprache, die wirklich jeder auf Anhieb versteht? Ich würde das Wort „Würde" durch „Respekt
und Akzeptanz" ersetzen, denn unter Respekt verstehe ich, dass ich Dich achte und auf Dich Rücksicht
nehme. Dass ich Dir immer taktvoll begegne. Und
Akzeptanz bedeutet für mich, dass ich Dich so
annehme, wie Du bist. Dass ich Dir wohlwollend
gegenüberstehe. Und wenn Du aus dem Bus aussteigen möchtest, mache ich Dir selbstverständlich
Platz. Ein solcher respektvoller Umgang miteinander
– immer verbunden mit der nötigen Höflichkeit –
sollte im GG verankert sein.

Als das GG nach dem Ende des Zweiten Weltkriegs
erfunden und eingeführt wurde, war es eine wunderbare, geniale Idee. Schon während der natio-
nalsozialistischen Diktatur hatten sich einige Damen
und Herren Gedanken über die Zukunft Deutschlands
gemacht. Der sogenannte Parlamentarische Rat
entwickelte dann eine provisorische Verfassung. Am
23. Mai 1949 trat das Grundgesetz (GG) in Kraft. Ein
neuer Staat war „geboren" – unsere Bundesrepublik
Deutschland. Immer mit Zustimmung der westlichen
Alliierten.

Das war durchaus ein Glücksfall für uns Deutsche,
denn die Menschenrechte wurden in den Artikeln 1

bis 19 verewigt. Sie sind bis heute ein Garant für unsere Freiheit. Auf der anderen Seite kann das GG nur eine provisorische staatliche Grundlage für uns sein, solange wir, die Bevölkerung, nicht darüber abgestimmt haben. Also haben wir seit fast 70 Jahren ein Provisorium. Wir haben immer noch keine Verfassung! Dies könnte der erste Hebel sein, den wir ansetzen, um unseren Staat zu verändern, ja zu verbessern. Wir sollten endlich über dieses Provisorium diskutieren: Was ist gut? Wo gibt es Fehler, die wir korrigieren müssen? Und was ist einfach unsäglich und müsste sofort abgeändert werden? Die entscheidende Frage, die wir uns alle stellen müssen, ist jedoch: Warum durften wir, die Bevölkerung, noch nie über unser GG diskutieren, geschweige denn darüber abstimmen? Es ist doch unser Fundament. Dann sollte es doch von der Mehrheit der Bevölkerung auch vertreten und getragen werden.

Wie ist das GG nun aufgebaut? Insgesamt gibt es eine Gewaltenteilung in unserem Land: eine Legislative (Gesetzgebung/Parlament), eine Exekutive (ausführende Gewalt/Bundesregierung) und eine Judikative (Gerichtsbarkeit). Darauf werde ich genauer eingehen, damit Du später besser verstehst, warum vieles so durcheinander läuft. Denn Du und ich, wir alle, müssen den derzeitigen Wirrwarr in Deutschland wieder in geordnete, von der Bevölkerung bestimmte Abläufe lenken.

Bisher übernehmen die politischen Parteien die Gesetzgebung (siehe Kapitel 2). Doch es geht nicht um die Sache, sondern es wird untereinander nur gehackt und gestochen und gemobbt. Das Ganze basiert auf den Artikeln 38 bis 69, in denen die Grundorganisationsrechte festgelegt sind. Kurz erklärt läuft das etwa so ab: Du und ich wählen alle vier Jahre ein neues Parlament, das als Bundestag bezeichnet wird und in dem sich die gewählten Mitglieder in Fraktionen (gemäß den Parteien) zusammenfinden. Die größten Fraktionen bestimmen dann eine Person aus ihren Reihen, die die Führung der Regierung übernimmt, die Bundeskanzlerin.

Im GG werden Fraktionen nur in Artikel 53a, Abs. 1 Satz 2 ausdrücklich genannt und dort geht es nur um die Verbindung zwischen Bundestag und Bundesrat. Da es also im GG keine genauen Spielregeln für Fraktionen im Bundestag gibt, können diese (bzw. die Parteien) tun und lassen, was sie möchten, und haben somit eine unbeschreibliche Macht. Diesem Versäumnis haben wir es auch zu verdanken, dass selten Experten für die einzelnen Sachgebiete zuständig sind. Geschweige denn, dass die Bevölkerung repräsentiert würde.

Noch schlimmer finde ich das Gebaren der sogenannten Exekutive, also der Bundesregierung. Laut GG wird der Bundeskanzler von den Mitgliedern des Parlamentes gewählt (GG, Artikel 63). Nach der Wahl behält er sein Mandat als Abgeordneter im Bundestag! Dabei hat der Bundestag die Aufgabe, die

Exekutive, also die Bundesregierung zu kontrollieren. Dies bedeutet: Der Bundeskanzler ist quasi Vorstandsvorsitzender und gleichzeitig Mitglied im Aufsichtsrat. Quasi Vater und Sohn in einer Person. Wie kann so etwas möglich sein? Verstehst Du das?

Darüber hinaus gibt es leider keinerlei Vorschriften zur Anzahl der Ministerien. Im Augenblick haben wir 14 Ministerien mit 14 Ministern, zusätzlich noch einen Kanzleramtsminister und eine Staatsministerin für Kultur und Medien sowie ca. 30 Staatssekretäre. Hinzu kommen noch die ganzen Bundesämter und Bundesbehörden. Doch ein anderer Bundeskanzler könnte die Zahl auch auf 350 Minister und Staatssekretäre erhöhen. Kein Problem! Denn laut GG gibt es keine Begrenzung. Alles ist erlaubt. Stell Dir das einmal vor – und alles auf Deine und meine Kosten.

Darüber hinaus gibt es kein einziges Gesetz, bei dem die Lobbyisten nicht mitgemischt haben. Aber warum gibt es überhaupt diese Leute? Das Wort „Lobbyist" kommt von Lobby aus dem Englischem und bedeutet wörtlich übersetzt: Vorraum zur Beeinflussung von Politikern (Abgeordneten) durch Interessenvertreter. Sehr interessant, aber höre weiter:

Die meisten Vorschläge für neue Gesetze kommen aus den einzelnen Ministerien, denn die brauchen ja auch eine Existenzberechtigung. Sobald das Gerücht über einen neuen Gesetzesentwurf die Runde macht, nehmen unzählige Lobbyisten mit den zuständigen Mitarbeitern der Ministerien (einschließlich der ent-

sprechenden Minister) sowie mit den verantwortlichen Abgeordneten der Fraktionen im Bundestag
und in den Ausschüssen Kontakt auf. Im Mai 2016
konnte ich auf der Internetseite des Bundestages
lesen, dass damals insgesamt 2.231(!) Interessenvertreter offiziell für den Bundestag eingetragen
waren, die der Bundestagspräsident in einem genau
festgelegten Verfahren zugelassen hatte.

Alle Lobbyisten haben nur ein Ziel: Sie werden
dafür bezahlt, dass sich neue Verordnungen und
Gesetze nicht negativ auf die Geschäftsinteressen
ihrer Klienten auswirken. Vorweg erlaube mir bitte
die Bemerkung, dass bei allen staatsrechtlichen
Gesetzes- und Verwaltungsakten grundsätzlich niemals die Bevölkerung, also wir Menschen, im
Mittelpunkt stehen. Bei all diesen Entscheidungen
kommen wir immer zuletzt, denn es zählen nur die
Parteiinteressen: Jeder Abgeordnete, jeder Minister
oder Staatssekretär und unzählige weitere Verantwortliche in den Ministerien und Bundesbehörden
sind zuallererst einmal ihrer Partei gegenüber
verpflichtet. Sogar bei den verbeamteten Mitarbeitern in den Ministerien und Behörden erkennst Du
sehr oft eine starke Sympathie für eine Partei. Dies
finde ich sehr schädlich für unser Land, denn so
werden viele Entscheidungen nur in Hinblick auf die
politischen Ideen einer bestimmten Partei getroffen.
Somit kann niemals von einer Sach-Entscheidung
gesprochen werden, noch geht es jemals um das
Wohl der Bevölkerung!

Darüber hinaus fallen mir so viele Probleme ein, die leider in unserem GG überhaupt nicht erwähnt werden. Meine Gedanken dazu sollen Anregungen sein, über all das genauer und gemeinschaftlich nachzudenken. Fangen wir einmal an.

Beginnen möchte ich mit der sozialen Marktwirtschaft, der wichtigsten Basis für unser Zusammenleben und unseren sozialen Frieden. Der erste Bundeswirtschaftsminister Ludwig Erhard fasste diesen wirtschaftlichen Begriff in einem Satz zusammen: Wohlstand für alle! Doch im GG suchen wir vergebens nach einer Erklärung oder einem Artikel zur sozialen Marktwirtschaft. Warum? Keine Ahnung. Meiner Meinung nach sollten wir den Begriff klar definieren und als Ziel ins GG aufnehmen.

Bleiben wir bei der Arbeit in Deutschland und dem GG. Wer arbeitet, der müsste meiner Meinung nach auch gut davon leben können – trotz Steuern und Krankenkassen- bzw. Rentenbeiträgen. Wirtschaftliches Überleben ist wichtig! Deshalb sollte es in der Regel auch nur noch Festanstellungen und keine Werkverträge oder befristeten Arbeitsverhältnisse geben (siehe dazu auch Kapitel 4.3.). Doch im GG finden wir dazu nichts. Keinen Vermerk, keinen Artikel. Warum nicht? Findest Du das in Ordnung?

Sollten wir die Macht unserer Großkonzerne einschränken? Denn zur Zeit können wir leider überall beobachten, dass innerhalb dieser Unternehmen vor allem die „Quickies" gefördert werden: „Quickie" bedeutet, dass mit geringem Einsatz ein riesiger, unbeschreiblicher Gewinn erzielt wird. Egal, wer woanders darunter leiden muss. Vor allem professionelle Ingenieurarbeit wird in diesen Konzernen nicht mehr gewürdigt, weil immer die allerbilligste Lösung verwirklicht wird. Billig ist geil! Also hält billig produzierter Schrott überall in der Wirtschaft und in den privaten Haushalten Einzug. Ade den langlebigen Produkten! Deshalb würde ich auch ein Verbot dieses billigen Schrotts im GG verankern. Denn dadurch würden wir, Du und ich, nicht nur die Natur schützen, sondern bekämen auch automatisch mehr neue Arbeitsplätze. Importierte Produkte, die nicht nach unseren Standards (Umweltschutz, Arbeitsbedingungen etc.) produziert wurden, erhalten Strafzölle. So wie dies viele andere Länder in Europa und der Welt täglich mit deutschen Waren praktizieren. (Auf deutsche Autos wird – besonders im asiatischen Raum – zwischen 10% und 30% mehr Zoll draufgeschlagen!)

Warum nicht den Naturschutz grundsätzlich in unserem GG verankern? Wir sollten uns im Privaten wie auch im Wirtschaftsleben von dieser Wegwerf-Gesellschaft verabschieden. Das gilt auch für den Umgang mit Tieren. Wie steht es also mit dem Tierschutz? Sollte dieses Ziel nicht im GG verankert werden (siehe dazu Kapitel 4.1.)? Und nicht zuletzt müssen wir auch den Stellenwert unserer Kinder würdigen. Doch nichts wird davon im GG erwähnt.

Es gibt bestimmt irgendwo Staatsrechtler, die nun behaupten werden, dass all meine Forderungen schon verwaschen, verschwommen, verklausuliert irgendwo im GG stehen. Da frage ich Dich: Warum werden sie nicht ausdrücklich angesprochen? Schließlich sollen wir doch immer nach dem GG leben und handeln. In Gesetzesform würden meine und Deine Anregungen viel mehr Beachtung finden, ohne dass wir groß nachdenken müssten. Und für ein solches klar und verständlich formuliertes Gesetz spenden wir gerne, indem wir immer brav und pünktlich unsere Steuern zahlen.

Ein anderes Thema, worüber wir nachdenken und diskutieren müssen, sind unsere Bundesländer. Wozu brauchen wir sie eigentlich? Die Bundesländer sollen die Polizei, die Schulen und die Kultur organisieren. Leider müssen wir jedoch feststellen, dass die Landespolitik insgesamt versagt hat. Denk einmal an die vorletzte Silvesternacht in Köln:
Im ersten Moment sollten wir nach dem Willen der Landesregierung glauben, dass die Polizei schuld sei. Aber in Wirklichkeit war es die Landesregierung, die versagt hatte. Schon seit Jahren werden Polizeibeamte von der Politik im Stich gelassen. Dies beklagte auch der ehemalige Bundespolizist Nick Hein, der sehr enge Kontakte zu seinen Kollegen in den Bundesländern pflegt, in einem Interview mit dem Deutschlandfunk im Dezember 2016. Er wies daraufhin, dass die Politik nach der verhängnisvollen Silvesternacht 2015/16 viel versprochen habe, dass sich jedoch leider im Arbeitsalltag der Polizei nichts

verändert habe. Vor allem fehle es an Personal und technischem Gerät. So soll die Polizei seit ungefähr 40 Jahren einen einheitlichen digitalen Funk bekommen, damit die Verständigung untereinander besser klappt. Doch es blieb bei der Idee! Und noch ein Beispiel: Zeugen aus einem Landesministerium von NRW berichteten mir, dass die Polizeigebäude im Land normalerweise sofort geräumt werden müssten, weil sie massiv gegen den Brandschutz verstießen. Doch die Feuerwehren – sie unterstehen den Kommunen – könnten den Landesbehörden nichts vorschreiben. Und das Land sagt: „Liebe kommunale Behörde, du kannst mich mal." Das Problem des fehlenden Brandschutzes gibt es nun seit über zwanzig Jahren und es ist wieder nichts geschehen. Das Leben der Polizisten, weißt Du, das ist den Landesbeamten offenbar egal, aber an anderer Stelle schmeißen sie das Geld nur so zum Fenster raus.

Weißt Du, dies waren jetzt nur zwei kleine Beispiele für das Versagen der Politik in den Bundesländern! Dieses Versagen zieht sich durch alle landespolitischen Entscheidungen. Daher überlege ich ernsthaft: Haben die Bundesländer noch einen Sinn? Nun ja, damals, bei der Gründung der Bundesrepublik Deutschland war der Föderalismus die Grundlage unseres neuen Staates. Heute jedoch gibt es zu viele Sachgebiete, zum Beispiel die innere Sicherheit, um die sich sowohl die Bundesländer als auch die Bundesregierung kümmern. Dadurch entsteht ein ständiges Gerangel um Kompetenzen, dass im schlimmsten Fall dazu führt, dass sich alle oder keiner mehr verantwortlich fühlt.

Zudem frage ich Dich: Sind die Bundesländer nicht viel zu groß und damit auch viel zu unwirtschaftlich? Deshalb bin ich dafür, dass sie in ihrer bisherigen Form aufgelöst werden. Die verbleibenden Aufgabengebiete, zum Beispiel eine ausreichende materielle Ausstattung der Schulen, sollten auf die Bezirksregierungen verteilt werden. Die bisherige Landespolizei wird in die Bundespolizei integriert. Außerdem sollte der Bund die Verantwortung für sämtliche Beamte übernehmen, denn dann wären sie viel schneller untereinander austauschbar. Es gäbe eine viel größere Flexibilität.

Vielleicht könnten wir durch solche Reformen einen Sinneswandel herbeiführen: Du und ich, wir würden wieder mehr Vertrauen in unseren Staat und unsere Verwaltung aufbauen. Im Moment ist nämlich überall eine Abwendung vom Staat zu spüren: Immer mehr Mitmenschen beurteilen die Entscheidungen und Maßnahmen von Politik und Verwaltung misstrauisch. Ist das angesichts des Chaos nicht sogar logisch? Warum ist das aber so?

Fangen wir mal an nachzudenken: Was ist überhaupt Deutschland und wer sind die Deutschen? Nun, die Gesellschaft, also die Bevölkerung unseres Landes, setzt sich aus uns allen zusammen. Um ein gutes Zusammenleben zu gewährleisten, ist es wichtig, dass jedes Individuum seinen eigenen, besonderen Platz hat. Darüber hinaus bedeutet dies aber auch: Wir brauchen uns alle gegenseitig! Keiner von uns kann alleine in unserem Land überleben. Für unser Wachsen und Gedeihen brauchen wir immer das Miteinander. Anders formuliert: Wir müssen uns gegenseitig helfen. Und sehr oft funktioniert das gegenseitige Unterstützen ja auch, wenn wir die Freuden und Sorgen mit dem anderen teilen und ihm in schwierigen Situationen beistehen. Wir beide stehen also immer in verschiedener Form in ständiger Verbindung miteinander, nicht zuletzt durch unsere Sprache.

Auch unser Staat samt seiner Bevölkerung definiert sich mittels unserer Sprache. Sie ist unsere Identität und steht für unser Miteinander. Unser Fundament. Besonders in der einfachen Sprache, die allen verständlich ist, finden wir eine gewisse Direktheit, die vieles leichter macht: Alles, was klar und direkt gedacht wird, kann auch so einfach aufgeschrieben werden. Sonst taugt es nichts. Selbst der erste Bundeskanzler Konrad Adenauer sagte einmal: „Einfach reden, ist eine jute Jabe Jottes". Und dies gilt genauso für das verschriftete Wort.

Doch leider muss ich Dir sagen, dass unser GG nicht in normalen, leicht verständlichen und logischen Worten geschrieben wurde. Seine Sprache ist kompliziert und zweideutig. Deshalb sind bei vielen Artikeln des GG die Ziele und Absichten nicht erkennbar. Vielmehr haben Juristen raffinierte Formulierungen gewählt, um die Aussagen zu verklausulieren und zu verschleiern. Und genauso verhalten sich auch die Parteien und Parteipolitiker.

Als Beispiel für diese Schwammigkeit möchte ich folgenden Ausruf unserer Bundeskanzlerin auf dem CDU-Parteitag im Dezember 2016 in Essen erwähnen. Da sagte Angela Merkel: „Uns leitet die Liebe zu unserem Land!" Entschuldige bitte, was soll das heißen: Liebt sie nur das Land oder auch seine Bevölkerung, also Dich und mich, und die Tiere und die Pflanzen? Und wenn wir auch gemeint sind, warum achtet sie dann so wenig auf uns? Da kann ich es dann auch nicht verstehen, dass die Verantwortlichen in der Politik wie die Bundeskanzlerin Angela Merkel und viele andere mehr es zuließen und immer noch zulassen, dass sich alles in unserem Land zum Schlechten verändert hat. Warum wird keine Reform durchgeführt?

Des Weiteren wurde auf diesem Parteitag der Posten eines sogenannten Neu-Mitglieder-Beauftragten eingeführt. Er soll u. a. neuen Mitgliedern die Parteistruktur erklären. Vielleicht bräuchten auch wir einen Staatsbeauftragten, der uns unser GG erklärt, denn das ist genauso kompliziert wie das Innenleben der CDU. Weißt Du, diese Stelle zeigt wunderbar, wie komplex und undurchsichtig die derzeitigen politischen Strukturen sind.

Diese Undurchsichtigkeit spiegelt sich dann auch in unserem bisherigen GG wider, wo es unzählige Artikel gibt, über die man nicht nachdenken, geschweige denn diskutieren darf. Die wichtigste Frage ist jedoch: Warum darf die Bevölkerung nicht die Politik bestimmen? Warum wird uns nicht dauerhaft das Recht der politischen Entscheidung eingeräumt? Denn dann könnten wir auch von einer Demokratie in Deutschland sprechen – von einer Volksherrschaft.

Doch wir dürfen unsere Bundesrepublik Deutschland nicht selbst gestalten, weil die politische Elite behauptet, wir seien zu dumm dafür. Und gerade in dieser so wichtigen Angelegenheit können wir uns nicht auf das veraltete GG stützen, denn dort gibt es keinen einzigen Artikel dazu.

Aber zeigen wir es den da oben! Benutzen wir unseren gesunden Menschenverstand und verändern diese chaotischen, nicht durchdachten und komplexen politischen Strukturen. Beginnen wir mit einer Neu-Gestaltung des GG und schaffen wir uns eine einfache, gut verständliche Gesetzesgrundlage für unseren Staat. Denn das bisherige System hatte über 60 Jahre Zeit, alles zum Besseren zu verändern. Doch man war immer von sich und den bisherigen Strukturen überzeugt und wollte nichts reformieren. Daher müssen wir jetzt ran! Du kannst das und ich kann das. Gemeinsam können wir das politische System wesentlich wirkungsvoller gestalten, weil wir wissen, was wir wollen und brauchen.

Und vergiss nicht: Das derzeitige (demnächst hoffentlich das alte und muffige) GG ist schuld an unserem derzeitigen Parteiendickicht und daran, dass sich unsere „Polit-Elite" wie acht- oder zehnjährige Kinder benimmt. Siehst Du Sie, die von Dir gut bezahlten Politiker, wie sie da im Sandkasten herummatschen und sich gegenseitig die Schüppen wegnehmen: „Ich spiele mit dem Kevin nicht mehr. Der nimmt mir immer die Schaufel weg." „Und die Lena macht mir immer meine Sandburg kaputt!" Leider werden die Beschlüsse unserer kindischen Politiker dann von der Administration perfekt umgesetzt.

Dieses Hick-Hack und die Machtbesessenheit der Parteien werden vom GG sogar gefördert – besonders durch den Artikel 21, wo es heißt: „Die Parteien wirken bei der politischen Willensbildung des Volkes mit". Sie sollen mitwirken, aber sie sollen nicht die ganze Macht an sich reißen, wie sie es tagtäglich tun und getan haben. Und beides, Hick-Hack und Machtbesessenheit, kosten viel Geld, das schamlos dem Bundeshaushalt entnommen wird. Es ist unser Geld, zu „treuen Händen" den Verantwortlichen in Politik und Verwaltung zur Verfügung gestellt. Sie alle hatten fast 70 Jahre Zeit, damit sorgsam umzugehen. Doch sie alle haben das Geld verprasst. Sie dürfen nicht länger unsere Treuhänder sein! Daher denke bitte immer daran: Das Geld in unserem Bundeshaushalt wurde sehr hart erarbeitet. Alle Spender hätten das Geld auch ganz anders ausgeben können. Vergiss das nie!

Sollten nicht wieder ehrenhafte Frauen und Männer bestimmen, was in unserem Land gemacht wird – also Du und ich? Dafür müssen wir aber an unsere

Stärke glauben. Vielleicht braucht es einen Moment, bis wir uns auf die neue Situation eingestellt haben. Doch dann werden wir Vordenker für unser Land sein.

Ich weiß das ja von mir: Da behaupte ich, dass ich nicht zeichnen könne. Andere Zeitgenossen behaupten, sie könnten nicht singen oder tanzen oder Fußball spielen ... oder was auch immer. Wenn Du und ich ehrlich zu uns sind, stellen wir jedoch fest: Jeder von uns kann singen, tanzen, Fußball spielen ... oder was auch immer. Okay, vielleicht sind wir zu Anfang noch nicht so gut. Aber: Muss immer alles sofort absolut PERFEKT sein? Perfektion bedeutet nur Starrheit. In Granit eingemeißelt. Nichts kann mehr geändert, verbessert werden. Perfektion schnürt uns also nur ein, macht uns lahm.

Doch unser Staat lebt von der Lebendigkeit seiner Einwohner, von Dir und mir. Und von unserem Miteinander, das ständig gestaltet und angepasst werden muss. Was nicht gut ist oder nicht mehr passt, wird einfach verbessert und geändert – oder einfach weggelassen. Du kannst genauso singen, tanzen oder Fußball spielen wie alle anderen auch. Und deshalb kannst Du genauso mitentscheiden und mitgestalten. Vor allem unseren Staat und unsere Administration. Jeder Bürger, der Geld gibt, muss das Recht haben zu sagen, was damit konkret gemacht wird. Und vergiss NIE: Wenn Du und ich alles bestimmen dürften, dann wäre alles in unserem Deutschland logischer und klarer durchdacht, nichts wäre so mehr kompliziert und dadurch alles finanziell viel günstiger.

Ob du glaubst, du kannst es,
oder ob du glaubst, du kannst es nicht:
Du hast Recht.
(Henry Ford)

Ich würde sagen: Mit einer Verbesserung hast Du IMMER Recht! Warum probieren wir es nicht aus? – Reformieren wir unseren Staat!

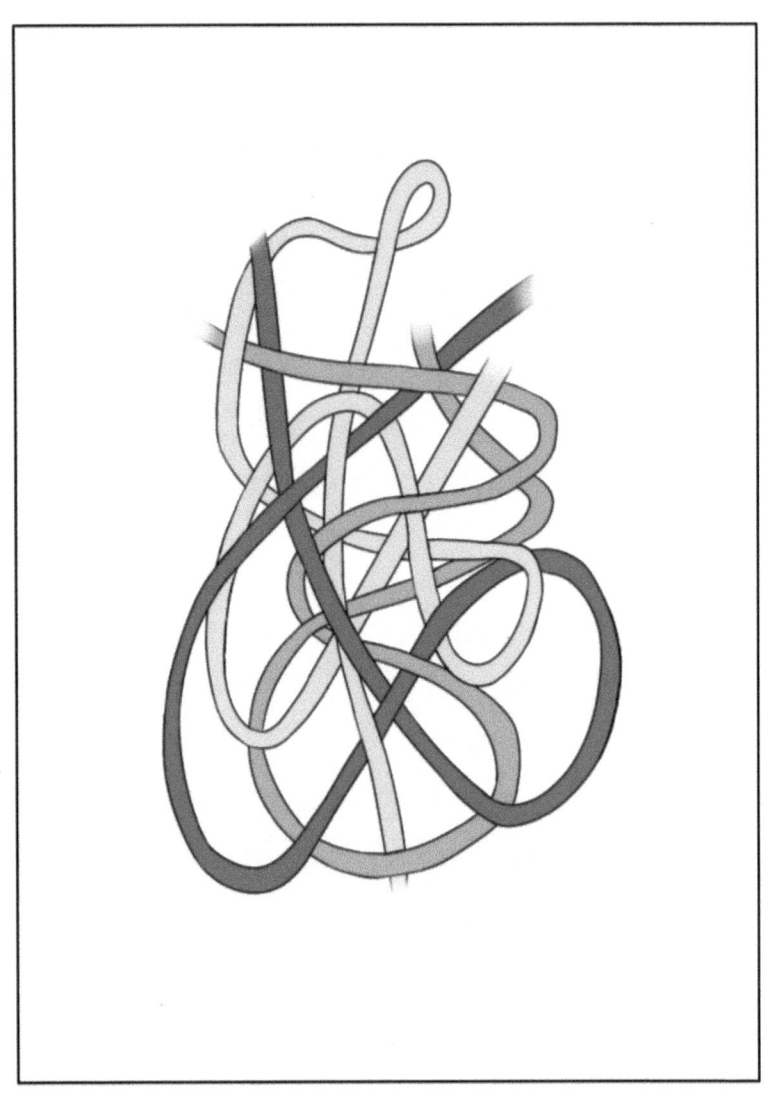

4. Chaotisch – wie konnte das nur passieren?

4.0. Ein paar Worte vorab

Wäre es nicht schön, wenn Du und ich und wir alle endlich von einer geistig-moralischen Wende in Deutschland sprechen könnten? Eine Wende hin zu einer Welt, in der endlich der Mensch, ja die gesamte Schöpfung einschließlich aller Lebewesen im Mittelpunkt stehen könnte? Skrupellose Ideologien, maßlose Machtbesessenheit und übertriebene, unzüchtige Gewinnmaximierung hätten keinerlei Bedeutung mehr. Diese gäbe es dann nicht mehr in unserem Land. Wer gegen die Würde eines Lebewesens verstieße, würde geächtet. Du und ich und die Natur – eben alles, wovon und womit wir leben –, das wäre wieder das Allerwichtigste.

Denkst Du, das ist nur herumgesponnen? Vielleicht, aber erinnere Dich: Die sogenannte „geistig-moralische Wende" gab es schon einmal, als eine CDU/CSU-FDP-Bundesregierung unter Führung von Helmut Kohl dieses Motto hatte. Am 1.Oktober 1982 war Helmut Kohl im Bundestag zum neuen Bundeskanzler gewählt worden. Er wollte alles besser machen, moralisch-ethische Werte sollten wieder im Vordergrund stehen. Moral als oberstes Gebot! Oder mit anderen Worten: Der gesunde Menschenverstand sollte wieder benutzt werden und die einfachen, klaren Gefühle des Herzens sollten wieder sprechen. Und dann sollten entsprechende Taten folgen!

Du wirst gleich sehen, dass die Politik unter Helmut Kohl mit einer solchen geistig-moralischen Wende nichts, aber wirklich gar nichts zu tun hatte. Und auch die nachfolgende Bundesregierung, eine Koalition aus SPD und Bündnis 90/Die Grünen unter Führung des Bundeskanzlers Gerhard Schröder, machte mit einer genauso rücksichtslosen, menschenverachtenden Politik weiter. Es änderte sich gar nichts! Dabei hätten diese beiden Bundesregierungen und auch die danach genügend Gelegenheiten dazu gehabt. Doch Fehlanzeige!

Du glaubst mir nicht? In den folgenden Abschnitten will ich Dir anhand von drei Beispielen aus ganz unterschiedlichen Themenbereichen erklären, was gegenwärtig in Deutschland alles schiefläuft. Es sind Bereiche, mit denen wir alle in unserem Leben zu tun haben:

Als Erstes geht es um die Herstellung und Vermarktung unserer Lebensmittel. Dies ist ein so komplexes und undurchsichtiges Thema, dass ich trotz intensiver Beschäftigung immer noch nicht alles verstanden habe! Ich weiß nur eins: So darf und kann es nicht weitergehen!

Das zweite Thema betrifft die Verkehrspolitik, denn der Arbeitgeber erwartet vor allem eins von uns: Flexibilität. Flexibel können wir, Du und ich, aber nur mithilfe einer gut organisierten, vernünftig durchdachten Mobilität sein. Allerdings wird das deutsche Verkehrssystem vom Chaos regiert.

Damit wir überhaupt unseren Lebensunterhalt (Essen, Wohnung etc.) bestreiten können, benötigen wir Geld. In den meisten Fällen arbeiten wir deshalb, doch die Bedingungen und Verdienstmöglichkeiten auf unserem Arbeitsmarkt sind dramatisch verschieden – und oft auch extrem ungerecht.

Du siehst: Alle drei Themenbereiche hängen sehr eng zusammen. Dennoch werde ich sie für Dich auseinanderfusseln, damit Du sie besser verstehst. Es erwarten Dich sehr spannende Zeilen – über Dein und mein Land.

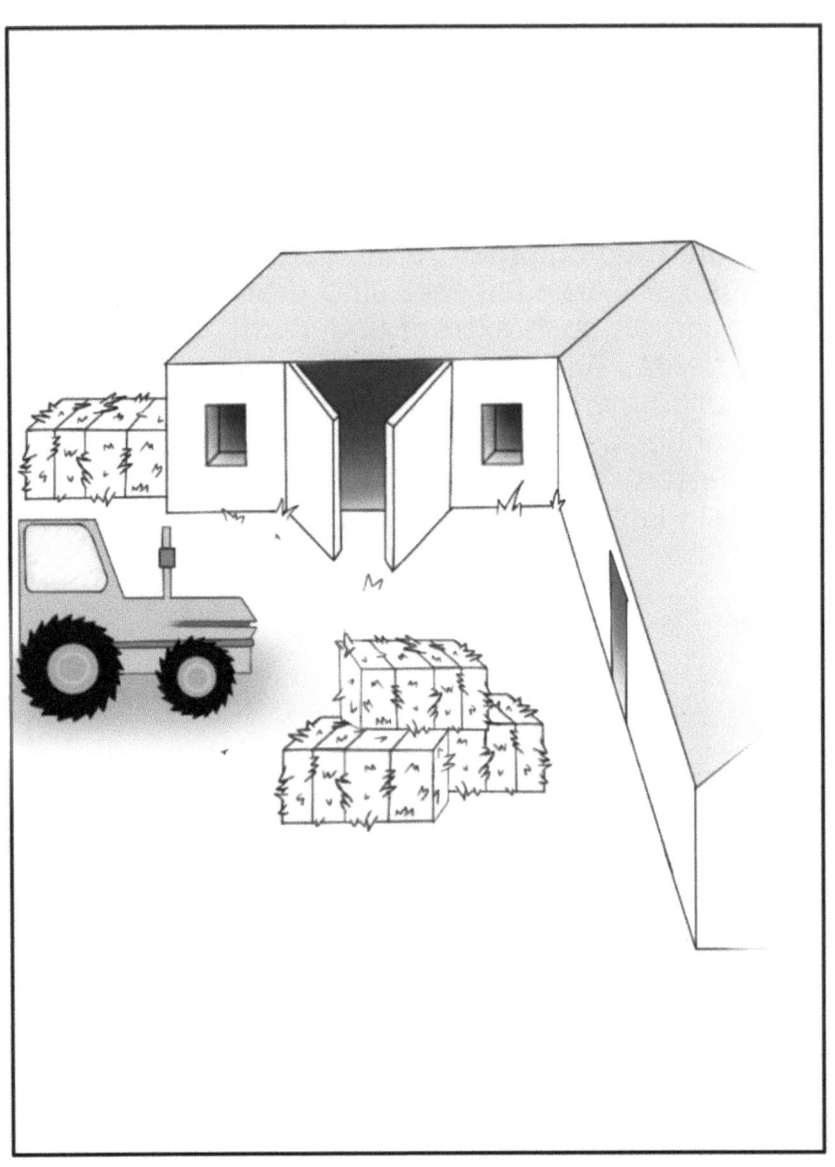

4.1. „Unser täglich Brot gib uns heute"
– Lebensmittelproduktion und Ernährung

Weißt Du, wenn ich an unser tägliches Brot denke, dann sehe ich immer diese schönen Bauernhöfe in einer guten Welt vor mir. Fachwerkhäuser, die harmonisch in die Landschaft eingebettet sind, umgeben von Äckern und Weiden. Ich stelle mir zufriedene Bauernfamilien und glückliche Tiere vor. Vor allem das Buch von Astrid Lindgren „Wir Kinder aus Bullerbü" fällt mir dazu ein. Da gab es drei Höfe, auf denen Großeltern, Eltern und Kinder gemeinsam unter einem Dach lebten. Die Kinder spielten den ganzen Tag in der Natur, lagen im Heu und dachten sich neue Streiche aus. Natürlich mussten alle auch sehr hart arbeiten, doch irgendwie gab es einen inneren Frieden und einen tiefen Zusammenhalt. Ich glaube, wir hätten uns dort gut einleben können, vielleicht hätten wir uns sofort sehr wohl gefühlt. Es war ein Leben mit der Natur und der Schöpfung. „Mir tun alle Leid, die nicht in Bullerbü wohnen", sagt Lisa vom Mittelhof.

Meine Fantasie gaukelt mir vor, dass alles idyllisch und heimelig war. Wahrscheinlich hing aber auch dort einmal der Frieden schief und es gab bestimmt sehr harte Zeiten. Dennoch: Ich habe das Gefühl, dass die Tiere eine besondere Wertschätzung genossen – sie wurden geachtet. Doch was passierte dann? Wie sieht die Lebensmittelproduktion heute in Deutschland aus?

Die Landwirtschaft und die Herstellung von Nahrungsmitteln sind heute hochindustrialisiert. Sie dienen ausschließlich dazu, größtmögliche Gewinne zu erzielen. Idylle und Romantik der guten alten Zeit sind verloren gegangen, obwohl uns Kunden, also Dir und mir, dieses bäuerliche Paradies vor allem in der Werbung immer und immer wieder vorgegaukelt wird. In Wirklichkeit ist alles nur gewinnorientiert. Industrielle Erzeugung und Vermarktung statt glücklicher Tiere auf saftigen Wiesen! Das Lebewesen, welches wir dann essen, wird nur noch als ein Stück Dreck angesehen. Es wird verachtet, gedemütigt und misshandelt. Unsere Bauern, ja wir alle, versündigen uns an den Tieren und Pflanzen, also an der gesamten Schöpfung.

Du willst ein Beispiel? Es werden massenhaft männliche Küken ermordet. Nur, weil sie zu wenig Profit bringen. Einfach so! Und das Ganze hat sogar die „heilige Justitia" abgesegnet, denn das Landesverfassungsgericht NRW in Münster hielt dieses Verfahren für rechtmäßig. Also, alles okay! Der Profit muss im Vordergrund stehen, die Gewinne sind wichtiger als das Leben dieser unschuldigen Küken. Müssen wir die ehrenwerten Richter nun als Mittäter dieser Verbrechen bezeichnen? Zu diesem Gebaren und seiner rechtlichen Beurteilung fallen mir nur diese Worte ein: unbarmherzig, roh und bestialisch! Es lebe der Terror!

Stopp! Ganz langsam. Behalten wir beide wenigstens unsere innere Ruhe und dröseln alles ganz, ganz langsam auf, Schritt für Schritt oder wie heißt es so schön in Neu-Deutsch: step by step.

Wenn Du und ich durch unser Land reisen, fallen uns die vielen Wälder, Wiesen und Auen auf – und die bestellten Felder und Äcker. Gerade in der Sommerzeit können wir Menschen beobachten, die auf den Äckern arbeiten. Mit dem Trecker oder Mähdrescher. In den Bergen wird sogar manchmal noch eine Sense benutzt, das ist echte, sehr harte Handarbeit. Doch die Sense ist natürlich die große Ausnahme.

Gleichzeitig berichten die Medien von unzähligen Problemen in der Landwirtschaft. Neustes Beispiel ist die Milchproduktion. Hierzu gab es Ende Mai 2016 im heute-Journal einen wunderbaren Bericht. Das ZDF stellte uns Oliver Musterfrau vor, einen überzeugten Bauern. Seit Kurzem muss Oliver Musterfrau bei den üblichen Inspektionen zusammen mit dem Insolvenzverwalter über seinen Hof gehen, weil es ihm finanziell sehr schlecht geht. Der Landwirt stellt sich immer und immer wieder die gleiche Frage: „Was habe ich nur falsch gemacht?" Tag für Tag schuftet er für uns, für Dich und für mich. Im Morgengrauen beginnt die harte Arbeit und endet erst spät am Abend. Fast in der Nacht. Rund um die Uhr arbeiten! Oliver Musterfrau ist ehrlich und anständig, seine Kühe sollen es gut bei ihm haben. Er ist ein Garant dafür, dass wir alle genug Milch zur Verfügung haben

– und Käse, Joghurt oder Sahne. Doch dann kam alles ganz anders für ihn und seinen Hof.

Im Internet können wir dazu lesen: Von 1991 bis 2014 stieg der Milchpreis auf fast 37 Cent pro Liter. Deshalb hörte Oliver Musterfrau auf die Politik, die Banken und den Bauernverband. Alle rieten ihm, auf Milchproduktion zu setzen. Er investierte und vergrößerte sich. Doch seit Ende 2015 fällt der Milchpreis kontinuierlich. Im April 2016 unterschritt er dann sogar die Marke von 20 Cent pro Liter. Nun kann Oliver Musterfrau die Raten nicht mehr termingerecht abzahlen. Deshalb rutschte er in ein finanzielles Chaos.

Wenn Du oder ich im Supermarkt einen Liter H-Milch einkaufen, dann liegt der Preis bei durchschnittlich 49 Cent. Nehmen wir einmal an, der Landwirt bekommt 20 Cent davon – wer bekommt dann den Differenzbetrag von 29 Cent? Der Bauer wird mit einem Hungerlohn abgespeist und der Handel (und alle anderen, die dazwischen geschaltet sind und daran teilhaben) verdienen mehr als er? Wie konnte das nur passieren? Offensichtlich haben hier der Staat und die verantwortlichen Parteipolitiker versagt. Aber vielleicht tragen wir auch eine Mitschuld daran, weil wir das Motto „Geiz ist geil" toll finden und uns beim Kauf von Lebensmitteln viel zu oft davon beeinflussen lassen.

Dasselbe Phänomen gilt auch für die Schweine-, Hühner-, Puten- und Gänsezucht. Auch hier ist der

Endpreis viel zu niedrig. Bedingt durch die Selbstständigkeit stehen die Landwirte unter einem ständig wachsenden, wahnsinnigen Preisdruck, denn die Handelsketten kaufen die Waren dort ein, wo sie den günstigsten Preis erzielen können. Oder anders ausgedrückt: dort, wo die Konzerne den „größtmöglichen" Gewinn erzielen können. Das ist skrupellos! Ob nun bei uns in Deutschland oder sonst irgendwo auf der Welt! Die heutigen Bauern müssen perfekte Manager sein. Kein Wunder, dass dabei der Bezug zur Natur und Schöpfung verloren geht.

Nehmen wir als besonders barbarisches Beispiel die Massentierhaltung von Schweinen: In Deutschland werden derzeit jährlich über 28 Millionen Schweine in kürzester Zeit hochgezüchtet, um sie dann möglichst schnell zu schlachten. Einziges Ziel: einen sehr guten Gewinn erzielen!

Deshalb werden die Ställe für die Mast immer größer und größer. Es gibt Betriebe da leben bis zu 350 Schweine in einem Stall. Ein einzelnes Tier soll im Durchschnitt ein Körpergewicht von über 50 und bis zu 110 kg erreichen. Dafür hat es ungefähr nur eine Mindestbodenfläche von 0,75 qm zur Verfügung, diese Fläche entspricht ungefähr der Größe dieses armen Tieres. Die Schweine sollen sich nämlich gar nicht bewegen können, damit sie schnell dick und rund werden – und einen hohen Preis beim Schlachten erzielen. Da sie nie in ihrem Leben frische Luft und Tageslicht bekommen, werden sie außerdem mit vielen Antibiotika behandelt. Damit sie nicht krank werden! Und diese haben dann gravierende Auswirkungen auf unseren Körper: Erstens werden Entzündungsherde durch diese Medikamente gefördert, aber vor allem können Krankheiten nicht mehr geheilt werden, weil die Antibiotika von unserem Körper nicht mehr angenommen werden.

Darüber hinaus gibt es sogenannte Zuchtsauen, die ausschließlich der Fortpflanzung dienen. Sie werden besamt und müssen nun in winzigen Käfigen warten, bis die Geburt eingeleitet werden kann. Diese Käfige, offiziell als Kastenstände bezeichnet, sind an allen Seiten von Metallstangen begrenzt. Sie sind mit den Maßen von ca. 55 bis 70 cm in der Breite und 160 bis 190 cm in der Länge nur unwesentlich größer als die Sau selbst. Selbst das trächtige Mutterschwein soll sich kaum bewegen können: Lediglich das Aufstehen, Niederlegen und Ausstrecken von Kopf und Gliedmaßen sind erlaubt. Doch nicht einmal umdrehen können sich die Tiere, geschweige denn umhergehen! Noch schlimmer ist jedoch, dass den Sauen jeder soziale Kontakt fehlt, jedes Tier muss ganz alleine in seinem Käfig verweilen. Die Folgen sind sehr oft „Leerkauen" und „Trauern": Laut Albert-Schweitzer-Stiftung (Massentierhaltung bei Schweinen) ist dies ein Sitzen auf den Hinterläufen mit hängendem Kopf. Nach der Geburt werden die Ferkel schon nach ca. 4 Wochen von der Mutter getrennt. Die Zuchtsau kommt dann meistens sofort wieder zurück in den „Käfig", wo sie nach ca. 5 Tagen erneut besamt wird. Der Kreislauf beginnt von neuem. Die Tortur findet kein Ende! Diesen Teufelskreis halten die meisten Schweinemütter nicht lange durch, sie bekommen zuchtbedingt diverse Krankheiten. Viele Sauen werden deshalb schon nach etwas 2,5 Jahren und ca. 6 Schwangerschaften geschlachtet.

Stell Dir einmal diese erbärmlichen Kreaturen vor! Die traurigen Augen, der nichtssagende Gesichtsausdruck. Siehst Du sie, diese armen, geschundenen Geschöpfe?

Doch ihr grausamer Leidensweg ist noch nicht zu Ende. Die nächste Station ist der Schlachthof. Damit billig geschlachtet werden kann, fährt man die armen Schweine teilweise durch ganz Deutschland. Oder es kommt noch schlimmer, wie uns 3sat im Dezember 2012 vor Augen führte: Sie werden im europäischen Ausland geschlachtet. Prof. Klaus Tröger vom Max Rubner-Institut bezeichnet den hochindustrialisierten Schlachtbetrieb als die größte Tierquälerei:

„Wenn man den Tierschutz bei der ganzen Fleischproduktionskette gewichten wollte, angefangen von der Landwirtschaft über den Transport bis hin zur Schlachtung, existieren im letzten Punkt die größten Defizite."

Denn die Schlachthöfe könnten mit diesen Lebewesen ganz anders umgehen. Das Fleischversorgungszentrum Mannheim ist ein sehr positives Beispiel hierfür: Die Tiere werden mit Kohlendioxid betäubt und haben dann weder Augenreflexe noch ein Schmerzempfinden. Trotz Fließband hat der Stecher genug Zeit, das Tier „sterben zu lassen" und „dann zu entbluten". Aber in Mannheim werden auch nur 180 Schweine pro Stunde geschlachtet.

In einem hochindustrialisierten Schlachtbetrieb ist das anders. Dazu noch einmal Prof. Klaus Tröger:

„Wir haben heute Schlachtzahlen von über 1.500 Schweinen pro Stunde auf einer Linie. Der Stecher, der am Band steht, um ein Schwein tiergerecht abzustechen, hat meist weniger als zwei Sekunden Zeit. Wenn große Gefäße verfehlt werden, was bei dem Schlachttempo durchaus der Fall sein kann, oder gar ein Tier übersehen wird, dann sind diese Tiere sehr schnell am Schlachtband wieder wach."

Mittlerweile haben die größten unter den Schlachthöfen zwar Kontrollsysteme eingeführt, um die Tiere vor dem Verbrühen im anschließenden Becken mit kochend heißem Wasser (Brühsystem) zu bewahren. Doch Prof. Klaus Tröger schätzt, dass wahrscheinlich trotzdem bis zu 250.000 Schlachtschweine jährlich erst beim Überbrühen sterben. Dies gilt für Deutschland. Laut der Internetseite pro-equo-bw.com soll es im Ausland noch bestialischer zugehen.

Schauen wir noch genauer hinter die Kulissen! Leider müssen wir feststellen, dass es auch in deutschen Schlachthöfen unwürdige Situationen gibt. Ja, es gibt sogar Schlampereien, gravierende Einsparungen und verbrecherische Absprachen. Und alles mit Genehmigung der Europäischen Union (EU) und der verantwortlichen deutschen Behörden. Das deckte das NDR-Fernsehen auf. Es zeigte uns im

März 2016, wie machtlos unsere Fleischkontrolleure sind. Das Fließband mit den Schweinehälften rattert an ihnen in rasendem Tempo vorbei, pro Stunde bis zu 1.400 Fleischhälften. Bei dieser Geschwindigkeit ist eine intensive Kontrolle gar nicht möglich.

Aber es kommt noch schlimmer: Die EU meint, dass ein Blick auf das Fleisch schon als Fleischbeschau ausreichen würde. Ein prüfendes Anfassen und Anschneiden der Schweinehälften sei demnach unnötig und würde überbewertet. Brauchen wir nicht! Diese EU-Verordnung möchte ich nicht und Du bestimmt auch nicht! Wahrscheinlich will keiner unserer 80 Millionen Einwohner in Deutschland eine solche Fleischbeschau. Wie kann es da sein, dass eine EU-Verordnung mehr bedeutet als der Wille der deutschen Bevölkerung? Dennoch besitzt sie Gültigkeit und wird tagtäglich angewendet, überall in Deutschland! Schuld daran sind unsere deutschen Politiker, vor allem gilt dies für unsere Bundesregierung und sämtliche Ministerien, die dieser Verordnung zugestimmt, ja sie womöglich sogar unterstützt haben.

Die Folgen für uns sind dramatisch: denn dank dieser neuen Untersuchungsmethode wurden an einigen Schlachthöfen amtliche Kontrolleure ganz eingespart. Insbesondere in der Gegend um Cloppenburg schreiben Fleischkontrolleure sogar Brandbriefe, um auf die übermäßige Arbeitsbelastung hinzuweisen. Natürlich wollte das zuständige Veterinäramt dem NDR keine Auskunft dazu geben.

Dabei war die Frage ganz einfach: Wie viele Kontrolleure gab es in jedem Schlachthof des Landkreises vor der Einführung der EU-Verordnung und wie viele sind es heute? Die schriftliche Antwort des Veterinäramts des Landkreises Cloppenburg lautete: „Die visuelle Fleischbeschau befindet sich noch in der (wissenschaftlich begleiteten) Einführungsphase. Es ist daher zum jetzigen Zeitpunkt weder möglich noch zielführend, die von Ihnen [gemeint sind die Autoren des NDR] angesprochenen Zahlen und Daten zu benennen."

Wir sollten uns dieses Gebaren einmal genüsslich auf der Zunge zergehen lassen: Wir, die Bürger der Bundesrepublik Deutschland, machen uns Sorgen um diese EU-Verordnung, die uns nicht vernünftig schützt. Weil wir befürchten müssen, dass es jetzt noch mehr Gammelfleisch geben könnte. Immerhin nehmen die Medien unsere Ängste ernst, hier der NDR, der sich dieses Themas annimmt. Und dann behaupten die Verantwortlichen lapidar: Unsere Nachfrage sei nicht zielführend! Was für eine bodenlose Frechheit! Was für eine Unverschämtheit!

Sollte es sich hier vielleicht auch um exzellente Lobby-Arbeit der Fleischindustrie handeln? Fleischkontrolleure werden zu reinen Erfüllungsgehilfen ihrer Interessen degradiert. Leider halten auch die von Dir und mir bezahlten Ämter, die verantwortlichen Behörden, zu den Schlachthof-Besitzern – und nicht zu den Kontrolleuren. Sie fühlen sich nicht als Überwachungsbehörden im Dienste des Bürgers, als Schnittmenge zwischen Verbrauchern und Konzernen. Kein Wunder also, dass sich Angst und Ohnmacht bei den Fleischkontrolleuren breitmacht. Und was machen die von uns bezahlten Politiker und Verwaltungsbeamte? Sie beschwichtigen, schweigen, labern – und lassen alles, so wie es ist! Oder noch schlimmer: Sie schieben die Verantwortung an übergeordnete Stellen weiter – in unserem Beispiel erst nach Hannover, dann nach Berlin und schließlich nach Brüssel zur EU.

Kehren wir zurück zu unserer Landwirtschaft, zum Getreide auf unseren Feldern und dem dort angebauten Obst und Gemüse.

Bisher hatte ich immer die irrige Annahme, dass Gifte bei der Herstellung dieser Nahrungsmittel, also unseres Essens, nicht zu vermeiden sind. Schließlich müssen die Pflanzen vor Pilzbefall und/oder Schädlingen geschützt werden. Auch mein Apfelhändler auf dem Wochenmarkt sagte mir, dass er ohne Gifte leider nicht auskomme. Er habe vor allem Angst vor aggressiven Pilzen, deshalb behandle er seine Bäume Anfang des Jahres mit einem Pflanzenschutzmittel. Bis zur Ernte habe es dann aber genügend geregnet, um dieses Gift herauszuwaschen. Ich persönlich finde diesen Umgang verantwortlich: Ja, es werden Pestizide verwendet, doch es scheint eine vorsichtige Beeinflussung der Natur zu sein. Denn die Äpfel sind wirklich nicht perfekt, sie haben zum Beispiel Flecken und Druckstellen. Schau Dir dagegen einmal das

Obst im Supermarkt an, da gibt es nur perfekte Äpfel.

Aber leider wird in unserer Landwirtschaft überall Gift eingesetzt, jede Form und bis zu zwanzig Mal im Jahr! Vor allem das Pestizid Glyphosat vergiftet unsere Felder. Angeblich ist es wegen allen möglichen Unkrauts unverzichtbar. Die Landwirte benutzen es, weil sie es sich aus verständlichen Gründen so einfach wie möglich machen wollen. Zu viele „Unkraut-Pflanzen" würden den Gewinn der Bauern für die eingebrachte Ernte schmälern. Doch die Meinungen zu diesem Thema gehen weit auseinander. Ich will es Dir im Folgenden erklären.

Das Bundesamt für Verbraucherschutz und Lebensmittelsicherheit (BVL) sieht im Einsatz von Glyphosat und anderen Pestiziden keine allzu große Gefahr für den Verbraucher: Es gebe aufgrund eines dichten Regelwerks keine konkreten, gesundheitsschädigenden Bedenken. Auf der Internetseite der ARD wird sogar behauptet, dass das BVL in den Jahren 2009 bis 2011 das Anliegen von „Glyphosat Task Force" massiv unterstützte, als es um die Wiederzulassung dieses Giftes ging. In diesem Zusammenhang sprach Karl Bär vom Umweltinstitut München von Absprachen zwischen den deutschen Behörden und der Glyphosat-Lobby. Der entsprechende E-Mail-Verkehr lag dem Umweltinstitut vor. Es ging darin vor allem um die Art und Weise, wie Glyphosat wieder zugelassen werden sollte. Tja und nun? Was heißt das?

Da fragen wir uns doch als interessierte Verbraucher: Warum gibt es dann überhaupt Richtwerte und Vorschriften? Wenn Glyphosat unbedenklich ist, könnte man es doch noch viel mehr einsetzen.

Hören wir deshalb, was andere Wissenschaftler zu diesem Thema sagen, zum Beispiel die Toxikologin Marike Kolossa-Gehring vom Umweltbundesamt. Sie sagt, dass es unterschiedliche Bewertungen gebe. Die EU-Behörde (Efsa) sei bei einer Analyse zum Ergebnis gekommen, dass Glyphosat nicht als krebserregend eingestuft werden müsste. Dagegen komme die Internationale Agentur für Krebsforschung (IARC) zum gegensätzlichen Ergebnis.

Also, was heißt das jetzt für Dich und mich? Es scheint so, als ob Glyphosat doch nicht so unbedenklich ist, wie das BVL tut, und doch macht es mit der Pestizid-Lobby gemeinsame Sache. Das musst Du Dir einmal vorstellen: Also das Amt ist der Dienstleister für seine Kunden – das sind wir! Es soll in unserem Sinne handeln, aber es geht hier gar nicht um Dich. Oder mich. Also, um uns Verbraucher. Nein, es geht um die Pestizidhersteller. Um die Industrie und ihre Lobbyisten.

Inzwischen konnten Wissenschaftler auch nachweisen, dass Glyphosat für den Tod vieler Bienenvölker verantwortlich ist. Das gilt vor allem für ländliche Regionen, denn in den Städten gab es kaum tote Insekten in den aufgestellten Bienenstöcken. Es gibt also einen Zusammenhang zwischen dem Bienensterben und den landwirtschaftlichen

Monokulturen, wo immer wieder Glyphosat verwendet wird. Dabei hassen sogar unzählige Landwirte dieses Gift, wie Journalisten des ZDF im Juni 2016 im heute-Journal berichteten, und würden es am liebsten sofort verbieten.

Bereits im November 2015 vermeldete der SWR zum Thema „Gift auf unseren Feldern", dass die Efsa vorgeschlagen habe, den Grenzwert für Glyphosat um zwei Drittel zu erhöhen. Noch einmal ganz deutlich: Es ging nicht um eine leichte Erhöhung, sondern man will die Menge dieses Pestizids auf unseren Feldern erheblich steigern – trotz krebserregender Wirkung, trotz des Bienensterbens. Stell Dir einmal den Wahnsinn vor! Und weder Du noch ich konnten bei Europa-Wahlen jemals darüber abstimmen!

Weitere, vom SWR in Auftrag gegebene Studien zeigen darüber hinaus, dass unsere gesamten Nahrungsmittel vergiftet sind. In allen in Deutschland hergestellten Produkten gibt es Rückstände von verschiedenen, in der Landwirtschaft eingesetzten Giften: in Backwaren, im Bier und sogar in unserem Trinkwasser, ob auf Erdbeeren und Himbeeren, ob auf Weizen, Roggen, Gerste oder Kartoffeln – überall stellte man Rückstände von diversen Pestiziden fest. Überall Gift! Allein unsere heimischen Äpfel werden bis zu siebzehn Mal im Jahr mit Gift besprüht!

Doch das Allerschlimmste ist: Die oben beschriebene grausame Massentierhaltung und die gleichzeitige

Vergiftung unserer Schöpfung wird mit Deinem und meinem Geld jedes Jahr mitfinanziert! Subventionen fördern unsere Nahrungsmittelhersteller und unterstützen so dieses schlimme Vorgehen.

Laut Statistischem Bundesamt erhält jeder landwirtschaftliche Betrieb in Deutschland im Durchschnitt 22.666 Euro – wohlgemerkt: pro Jahr und allein von der Europäischen Union (EU). Hinzu kommen noch die Subventionen der Bundesregierung. Es fließen also Milliarden an Euro. Da stellt sich doch uns Bürgern die Frage: Müssen all diese wahnsinnigen Subventionen gezahlt werden?

Doch zunächst will ich Dir erklären, was Subventionen überhaupt sind: Unter dem Begriff versteht man finanzielle Zuwendungen, die in Form von direkten Geldleistungen oder indirekten steuerlichen Vorteilen gezahlt werden. Sie können von einem Staat oder einem Staatenbund, wie der EU, gewährt werden. Bestimmte Unternehmen oder Wirtschaftsbereiche erhalten dann Zuwendungen, ohne dass es eine unmittelbare Gegenleistung gibt. Diese wird auch gar nicht verlangt!

Du und ich, wir können jedoch noch nicht einmal genau prüfen, wer wann wie viele finanzielle Zuwendungen erhalten hat. Denn in Deutschland wird in diesem Fall auf den Datenschutz verwiesen. Subventionsempfänger? Dich und mich geht das nichts an. Fertig. Dabei gibt allein die EU insgesamt etwa 55 Milliarden Euro pro Jahr für die Agrarpolitik aus, knapp 50 Prozent des gesamten EU-Haushalts.

Fast 10 Milliarden Euro davon zahlen alleine wir, die deutschen Bundesbürger. Laut dem Internet-Nachrichtenportal EurActiv.com flossen aus diesem Topf im Jahr 2012 ca. 5,4 Milliarden Euro wieder zurück nach Deutschland an die Agrarwirtschaft, hinzu kamen noch die Subventionen der Bundesregierung (2011: ca. 1,4 Milliarden Euro).

Nun, als 1957 in den Römischen Verträgen der damaligen Europäischen Gemeinschaft (EG) die Unterstützung der Bauern durch Subventionen beschlossen wurde, war dies ja noch sehr sinnvoll. Denn mit dieser finanziellen Zuwendung an die „Bauernhöfe" sollte die landwirtschaftliche Produktivität erhöht werden.

Doch leider hat sich mittlerweile herausgestellt, dass vor allem die großen landwirtschaftlichen Betriebe von der finanziellen Unterstützung der Politik profitieren, wie in der „Tagesschau" Ende November 2010 gezeigt. Seit 2005 gibt es sogar eine EU-Regel, die besagt, dass Subventionen nach der Größe der Betriebe auszuschütten sind. Kleine Bauernhöfe mit verhältnismäßig wenig Fläche gehen deshalb fast leer aus. Was ist das für eine schreiende Ungerechtigkeit! Damit wird die Massenproduktion massiv gefördert. Außerdem ist das der Grund dafür, weshalb wir bei fast allen landwirtschaftlichen Erzeugnissen eine Überproduktion haben.

Qualität? Ist doch egal! Es kommt nur auf die Masse an. Und dieses System wird mit unseren Steuergeldern unterstützt!

Sollten wir hier nicht komplett umdenken und ausschließlich kleine, vernünftige Familienbetriebe subventionieren? Eine finanzielle Förderung ausschließlich für Höfe, die unsere Schöpfung lieben und sie schützen wollen. Fändest Du dies nicht auch besser? Wir wollen hier mitreden, denn: Du zahlst das alles mit und ich auch.

Ich weiß nicht, ob Du schon davon gehört hast? Es gibt einen neuen Kompromiss zwischen dem Einzelhandel und der Bundesregierung: Zukünftig sollen wir, Du und ich, für Plastiktüten in den Verkaufsläden bezahlen. Damit soll unsere Umwelt geschützt werden. Dies gilt aber ausschließlich für „normale" Plastiktüten – die dünnen Tütchen für Obst und Gemüse bleiben weiterhin gratis. Verstehst Du das?

Doch höre: Hier geht es nur um Plastiktüten, dabei ist das Problem viel größer. Es müsste nämlich um den gesamten Verpackungsmüll gehen, der tagtäglich in den Geschäften anfällt, zumal fast alle Lebensmittel in Kunststoff eingepackt sind. Diese Verpackungen enthalten Bestandteile von Öl, das nun immer häufiger in unseren Nahrungsmitteln festgestellt wird.

Noch perverser finde ich aber Folgendes: Auf der einen Seite gibt es nun die Einigung bezüglich der Plastiktüten, auf der anderen Seite werden aber alle Lebensmittel weiterhin doppelt und dreifach eingepackt. Ob in Aluminium beschichteten Verpackungsmaterialien oder in Kunststoffe wie Polyethylen (PE), Polyvinylchlorid (PVC), Polypropylen (PP), Polystyrol (PS), Polyamid (P) oder Polycarbonat (PC). All diese Stoffe, dieser Gift-Cocktail, werden irgendwie, irgendwann und irgendwo in der Nahrungsindustrie zur Verpackung von unseren klinisch-reinen Lebensmitteln eingesetzt. Du denkst jetzt, dass es doch auch die guten Verpackungen aus Papier oder Pappe gibt. Warte! Leider falsch gedacht, denn auch diese sind in Wirklichkeit mit Kunststoff-Beschichtungen aller Art „überzogen". Hinzu kommen giftige Aufdruck-Farben. Dies alles ist natürlich nicht sehr förderlich für unsere Gesundheit. Nein, es ist sogar hochgradig giftig für Dich und mich: Wenn Du diese Materialien essen würdest, könntest Du daran sterben.

Doch Politik und Verwaltung behaupten: „Das Öl in Lebensmitteln ist nicht so schlimm! Das ist nicht schädlich!" Ich möchte trotzdem KEINE Öl-Rückstände oder andere Gifte in meinen Lebensmitteln. Und vielleicht möchtest Du dies auch nicht.

Ganz ehrlich, wenn ich mir die Herstellung unserer Nahrungsmittel so anschaue, kann ich nur mit dem Kopf schütteln. Und das Schlimmste: Du und ich, wir alle, bezahlen auch noch diesen Mist!

Die ganzen Ernährungsproduzenten, Bauern-Funktionäre, Pestizidhersteller und sonstigen Agrar-Lobbyisten sollten sich einmal ernsthaft einen sehr wahren Gedanken des Philosophen Martin Heideggers durch den Kopf gehen lassen, dem sie nicht widersprechen können. Bereits im Bremer Vortrag von 1949 heißt es, dass Ackerbau

„jetzt motorisierte Ernährungsindustrie, im Wesen dasselbe wie die Fabrikation von Leichen in Gaskammern und Vernichtungslagern, dasselbe wie die Blockade und das Aushungern von Ländern, dasselbe wie die Fabrikation von Wasserstoffbomben" sei.

Wenn das System so bestehen bleibt, müssen wir uns doch alle die berechtigte Frage stellen: Was ist das für eine Landwirtschaft, was ist das für eine Bauernzunft, die Schweine in winzige Käfige zwängt und männliche Küken bei lebendigem Leibe schreddert?

Hier noch einmal die wichtigsten Fakten: Durch Deine und meine Steuerschenkungen erhält die Nahrungsmittelindustrie viele Milliarden Euro – und sie hat fast Narrenfreiheit. Denn durch eine gezielte, perfekt organisierte Lobby-Arbeit hat sie ihr Ziel erreicht: Die großen, industriell arbeitenden Betriebe, vor allem in der Landwirtschaft, erhalten die höchsten Zuschüsse. Die kleinen Bauernhöfe bekommen fast gar keine Subventionen. Tagtäglich können also die Großbetriebe, finanziell großzügig unterstützt, das Vergiften unserer Lebensmittel fortsetzen, vor allem durch Unmengen an Giftcocktails auf den Feldern und Wiesen. Sogar das Trinkwasser ist durch Überdüngung verseucht und weist in vielen Gebieten unseres Landes viel zu hohe Nitrat-Werte auf.

Und nun? Ich bin der festen Überzeugung, dass wir hier eine Reform benötigen. Ja, vielleicht sogar noch viel mehr. Es müsste eine kleine, friedliche Revolution sein! Denn meiner Meinung nach dürften nur die Bauernhöfe finanziell unterstützt werden, die unsere Schöpfung bewahren und schützen. Diese Landwirte achten unsere Tiere und gehen mit ihnen vorsichtig und respektvoll um; sie greifen nur in Ausnahmefällen zur Giftkeule. Also: Wir sollten vor allem die kleinen Betriebe fördern. Die Experten für den Einsatz von Pestiziden würde ich bei den Gesundheitsämtern ansiedeln. Selbiges gilt auch für Veterinäre, die entscheiden, ob Tiere geimpft werden. Sie müssen dabei darauf achten, dass die Tiere nicht einfach sicherheitshalber, so vorab, mit Antibiotika vollgepumpt werden.

Und die Nahrungsmittelhersteller dürften nur auf Qualität setzen. Somit wären Zusatzstoffe und Billigimporte aus anderen Ländern verboten. Alle verwendeten Materialien und Inhaltsstoffe müssten verständlich und verbraucherfreundlich auf den Verpackungen angegeben werden.

Am Ende frage ich Dich: Willst Du wirklich die gegenwärtige Landwirtschaft mit Deinen gespendeten Steuern weiterhin finanzieren und unterstützen? Für mich geht das alles so nicht mehr weiter! Die Verantwortlichen aus Politik und Verwaltung haben hier gänzlich versagt, getrieben von den exzellenten Vertretern der Agrar- und Lebensmittelindustrie-Lobby. Ich bin zutiefst davon überzeugt, dass Du und ich diese Themen viel besser entscheiden könnten. Und auch entscheiden müssten. Lasst uns intensiv über all das diskutieren – und dann eine, die richtige Entscheidung treffen.

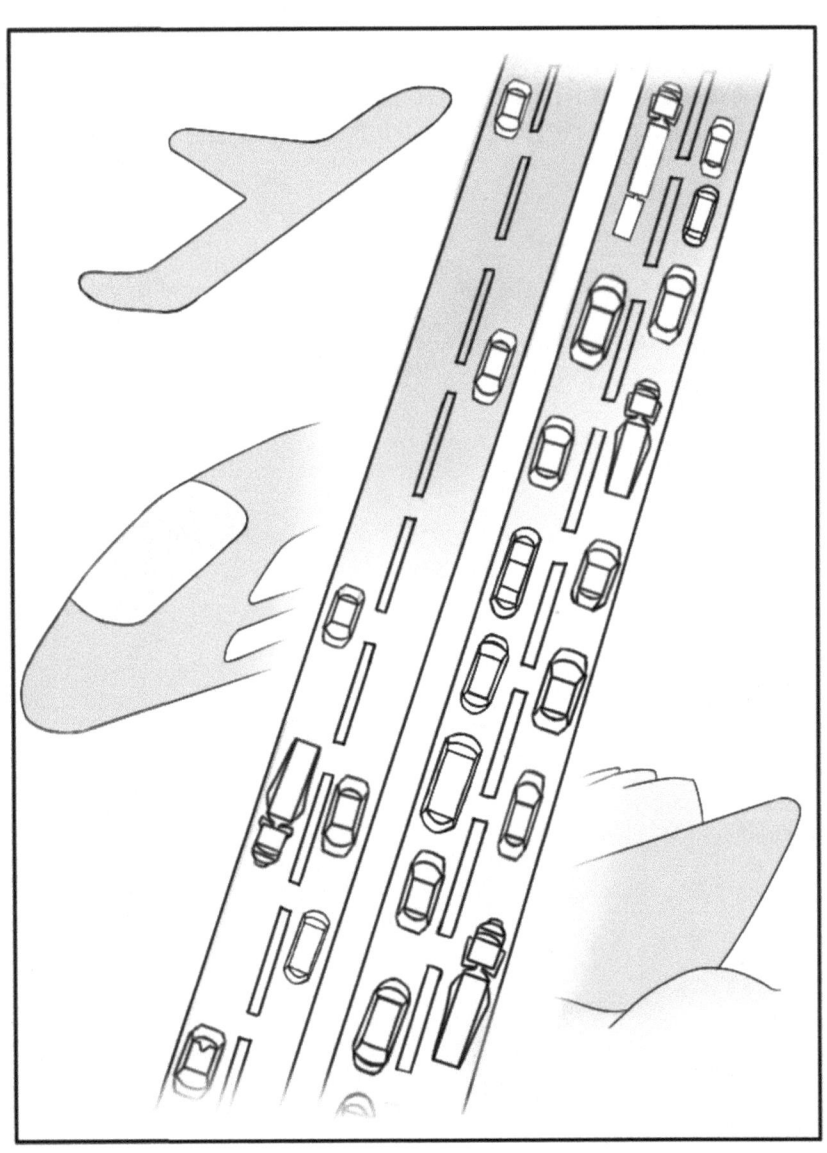

4.2. Verkehr – Grundlage unseres Wohlstandes

Weißt Du, ich hatte bisher sehr viel Glück, denn in meiner Kfz-Werkstatt gab es einen richtigen, überzeugten Meister. Das Leben mit Autos war seine Berufung. Er pflegte sie nicht nur, sondern sie waren seine Leidenschaft. Damit verbunden sah er es als seine Bestimmung an, uns, den technisch nicht so versierten Kunden, die Funktionsweise eines Autos zu erklären. Deshalb hatte er einen exzellenten Ruf, denn der Kunde brachte seiner Werkstatt ein uneingeschränktes Vertrauen entgegen und wurde auch nie enttäuscht.

Plötzlich änderte sich alles: mit dem Abgasskandal in den USA. Dort stellten Prüfer fest, dass wir, die Verbraucher, vom VW-Konzern über Jahre hinweg betrogen worden waren. Denn im Gegensatz zu den einfachen und ehrlichen VW-Kfz-Mechanikern gibt es in diesem Unternehmen einen Skandal, von dem alle wussten. Oder hätten wissen können und müssen.

In der ARD-Sendung „Plusminus" vom Juli 2016 beklagte sich August Mustermann (Name geändert), dass er sich vor etwa drei Jahren extra für einen deutschen Diesel entschieden habe. Nun erfahre er, dass sein VW zu hohe Stickoxidwerte ausstoße. Jede Fahrt ist damit ein gesundheitliches Risiko, auch für seine Kinder. Die verantwortlichen Ministerialbeamten, die angeblich von all dem nichts wussten, wollten daraufhin eine blaue Plakette für umweltfreundliche Autos einführen. Das Auto von Herrn Mustermann, welches noch nicht einmal fünf Jahre alt ist, hätte diese jedoch niemals erhalten, damit es nicht mehr die Luft in unseren Städten verpesten kann. Im Moment ist diese Idee erst einmal vom Tisch. Doch was im Moment noch nicht ist, kann ja später immer noch werden ... ein Wahnsinn.

Gleichzeitig wurde bekannt, dass die Verantwortlichen bei VW, die EU-Kommission und die zuständigen deutschen Ministerien bereits seit 2010 von den manipulierten Abgaswerten wussten. Haben hier die Verantwortlichen des VW-Konzerns und die deutsche Politik etwa Herrn Mustermann vorsätzlich betrogen? Ich kann verstehen, dass er maßlos enttäuscht ist. Enttäuscht vom VW-Konzern, von den zuständigen Bundesministerien und vom Land Niedersachsen, das ja Miteigentümer von VW ist: Ausgewählte Landtagsabgeordnete (einige davon sogar Landesminister) sitzen seit Gründung des Landes Niedersachsen im Aufsichtsrat des VW-Konzerns. Zumindest diese hätten etwas von den Manipulationen wissen müssen. Oder wissen können?

Alles begann in Brüssel bei der EU-Kommission. Hier beobachteten Experten, dass die Luftqualität in den Städten sich nur sehr langsam verbesserte, obwohl es strenge Abgasvorschriften für Autos gibt. Deshalb beauftragte die EU-Kommission im Jahr 2007 das Joint Research Centre (JRC), eine gemeinsame Forschungsstelle, mit genauen Messungen des Abgasausstoßes im realen Fahrbetrieb. Und was muss ich Dir sagen? Der Stickoxid-Ausstoß von Dieselfahrzeuge war im realen Fahrbetrieb viel höher als in Labortests, was der EU-Kommission bereits 2008 mitgeteilt wurde. Liest man interne Dokumente, so könnte einem der Verdacht kommen, dass auch die Bundesregierung schon 2012 von dem Abgasskandal erfuhr. Sie hätte das Land Niedersachsen und/oder den VW-Konzern informieren können, vielleicht hat sie es auch getan. Doch Du glaubst es nicht: Alle behaupten uneingeschränkt, dass sie bis zur Veröffentlichung in den Medien nichts davon gewusst hätten.

So verhalten sich nur Kinder. Wenn Du etwa einem kleinem Kind sagst: „Hier sind Kekse, die du nicht essen darfst." Dann gehst Du kurz weg und wenn Du zurückkommst, sind nur noch viele Krümel da. Doch das Kind sagt mit einem Engelsgesicht: „Nein, das war ich nicht. Damit habe ich wirklich nichts zu tun!" Unsere Verantwortlichen benehmen sich genauso: Damit haben wir nichts zu tun. Gleichzeitig meinen sie aber in allen anderen Situationen, dass sie die Weisheit mit Löffeln gefressen hätten! Und für ihre Unverschämtheit kassieren sie auch noch üppige Gehälter und sonstige Vergünstigungen. Aber was ist mit uns, mit Dir und mir? Du und ich, wir alle bezahlen dieses System – jeden Tag – alleine schon mit unseren Steuern!

Du verstehst also, weshalb meine Sympathie ganz August Mustermann gilt. Er sagt zu recht: „Ich fühle mich von allen verarscht!" Entschuldige diese sehr harte Umgangssprache! Aber auch mir fehlen hier die Worte.

Du denkst, der Skandal sei nur eine Ausnahme? Dieser Skandal ist nur die Spitze eines Eisbergs von Katastrophen, die die Verkehrspolitik in unserem Land betreffen. Alles ist noch viel, viel schlimmer, als man sich dies vorstellen kann. Es ist unsäglich!

Der Abgas-Skandal ist nur ein Beispiel, bei dem sich die chaotischen Entscheidungen der Verantwortlichen in Politik und Verwaltung offenbaren.

Ich sitze an meinem Schreibtisch und frage mich: Wie konnte das nur passieren?

Bisher hatte ich die irrige Annahme, dass bei der staatlichen Genehmigung eines Verkehrsmittels in jedem Fall erst staatliche Untersuchungen durchgeführt werden.

Um es Dir leichter zu machen, kehren wir noch einmal zum Betrug von VW zurück. Tun wir einmal so, als ob VW einen neuen Fahrzeugtyp anmelden möchte. Dann müsste doch dieses neue Auto eigentlich vom Staat untersucht werden, ob es fahrtauglich ist. Außerdem müsste geprüft werden, ob bei einem Fahrzeug, das „Made in Germany" ist, auch tatsächlich alle Teile in Deutschland hergestellt und eingebaut wurden. Und falls nicht: Warum können diese Bauteile nicht in unserem Land produziert werden? Wurden sie im Ausland auch umweltfreundlich hergestellt? Und haben die Werktätigen dort einen menschenwürdigen Job (d. h. ordentliche Bezahlung, genügend Pausen und Urlaub)? Ferner müssten auch die technischen Daten des neuen Autos geprüft werden. Von Sachverständigen, deutschen Ingenieuren, die sich in dieser Materie auskennen. Dafür haben wir doch all die Ministerien, unzähligen Bundesämter, Behörden, Vorschriften und Gesetze. Oder machen wir hier einen gravierenden Denkfehler?

Ja, Du und ich, wir sind viel zu doof, um das alles richtig zu verstehen. Wir denken dafür viel zu pragmatisch und zu logisch. Wir machen einen Denkfehler! All diese Aufgaben können wir einer öffentlichen Verwaltung wirklich nicht zumuten. Das verstehst Du doch? Ja, ich sollte dies auch endlich einmal begreifen!

Denn: Laut der Angaben, die Du im Internet und in den Medien findest, gibt es nämlich nur eine formelle Überprüfung des neuen Autos, eine sogenannte Typengenehmigung. Der Autohersteller muss dem Kraftfahrt-Bundesamt (KBA) einige Informationen mitteilen und dabei diverse Formulare ausfüllen bzw. Richtlinien, Gesetze, Anordnungen und Vorschriften einhalten. ABER: Das Auto war in Wirklichkeit niemals zur Prüfung und Begutachtung beim KBA. Wie immer ist nur das Formelle wichtig. Und wer leidet unter dieser Schludrigkeit? Möglicherweise Du und ich und wir alle (mal abgesehen von der Umwelt oder irgendwelchen schlecht bezahlten, ausländischen Arbeitern).

Da frage ich mich ernsthaft: Wofür brauchen wir so ein Bundesamt und so ein Typengenehmigungsverfahren?

Doch es gibt noch weitere Katastrophen, keine Bange. Bleiben wir bei den Abgasen: Alle unsere Verkehrsmittel verschmutzen die Luft. Auf der Straße gilt dies nicht nur für Autos, sondern natürlich auch für unsere „Brummis", also alle Lkws. Diese stoßen richtig viele Abgase aus, Rußpartikel, Stickoxide und diverse andere Gifte. Laut dem Bundesamt für Statistik gab es im Jahr 2015 ca. 2,7 Millionen Lkws auf deutschen Straßen. Im Jahr davor wurden rund 3 Milliarden Tonnen Güter auf den Straßen transportiert. Drei Milliarden! Wahnsinn! Damit Du eine Vorstellung von dieser Zahl bekommst, schreibe ich sie Dir einmal genau auf: 3.000.000.000.

Da können wir uns doch die berechtigte Frage stellen: Warum müssen so viele Güter mit dem Lkw transportiert werden? Warum wird nicht mehr auf die Eisenbahn verlagert? Nur ca. 375 Millionen Tonnen Güter wurden im Jahr 2015 auf der Schiene transportiert. Und noch etwas zum Nachdenken: Auch die Bahn hat 1700 Lokomotiven, die mit Dieselmotoren betrieben werden. Die neuesten Modelle sollen zwar etwas umweltfreundlicher fahren, doch leider ist das Deutschland-Geschäft nicht im Fokus der Deutschen Bahn AG. Sie will lieber ein Global-Player werden. Vor allem stört hier das Gütergeschäft, das deshalb eingeschränkt werden soll. Natürlich mit Zustimmung der verantwortlichen Parteien im Bundestag und sogenannter Experten. Doch dazu später mehr.

Obwohl Autos, Schiffe oder Flugzeuge bei jeder Benutzung Deine und meine Umwelt verschmutzen, wird doch jedes Verkehrsmittel vom Staat unterschiedlich behandelt. Ohne ersichtlichen Grund. Einfach nur, weil hier verschiedene Lobbyisten verschieden gute Arbeit leisten?

Betrachten wir einmal den Flugzeugbetrieb in Deutschland. Wir müssen unzählige Belastungen durch zahlreiche Luftfahrtkonzerne erleben – teilweise Flugbewegungen bei Tag und Nacht, 24 Stunden lang. Trotzdem erhalten diese Konzerne Steuerzuschüsse, denn für ihren Treibstoff zahlen sie keinen einzigen Cent Steuern an den Staat. Das musst Du Dir einmal vorstellen? Alle Autofahrer werden in Deutschland ausgebeutet: Für Benzin oder Dieselkraftstoffe zahlen sie mindestens die Hälfte des Preises an den Staat. Doch Flugzeugbetriebe müssen dies nicht. Warum eigentlich nicht? Einige Verantwortliche aus den zuständigen Ministerien verweisen lapidar auf die Wettbewerbsfähigkeit im internationalen Vergleich. Ein wirklich überzeugendes Argument? Bei geschätzten 11,8 Milliarden Euro Subventionen für die Flugzeug-Konzerne zieht das Argument nicht wirklich.

Also weiter zum nächsten Verkehrsmittel: die Schifffahrt. Wie sieht es hier aus? Ich könnte hier von der nächsten Katastrophe sprechen.

Sehen wir uns zunächst die Binnenschifffahrt an. Die Ausflugsschiffe, die Flusskreuzfahrtschiffe und die Güterschiffe fahren mit einem Dieselmotor. Doch in aller Regel besitzen sie noch nicht einmal einen Rußpartikel-Filter, denn sie sind dazu gesetzlich nicht verpflichtet (im Gegensatz zum Auto). Wenn diese Schiffe dennoch einen Filter haben, geht dies auf eine freiwillige Initiative der Bundesregierung zurück. Warum es in der Binnenschifffahrt keine gesetzlichen Grenzwerte gibt, verstehe ich nicht!

Verstärkt tritt dieses Problem bei der Seeschifffahrt auf, denn in den letzten Jahrzehnten wurden die vielen Frachter und die unzähligen Kreuzfahrtschiffe zu einem riesigen Problem. Durch die explosionsartige Zunahme kommt es zu immer höheren Emissionen von Stickoxiden, Schwefeloxiden und vor allem von Feinstaub. Sowohl Fracht- wie auch Kreuzfahrtschiffe verwenden nämlich für die Verbrennung in den Dieselmotoren einfaches, unbehandeltes Schweröl. Somit hat der Schiffsverkehr einen erheblichen Anteil am globalen Ausstoß von Treibhausgasen. In Küstengebieten sind die großen Frachtschiffe oft sogar die Hauptquelle von Feinstaubemissionen und damit auch ein großes Gesundheitsrisiko für die Anwohner. Das ist leider nicht das einzige Problem: Seit 2013 ist das Verklappen des Mülls auf hoher See verboten (MARPOL, Anlage V). Alles, was nicht mehr benötigt wird, darf nicht mehr ins Meer geschmissen werden, von Plastik bis zu Giftstoffen. Warum hält sich aber niemand an das Verbot? Die Seeleute wissen, dass sie kaum auf frischer Tat erwischt werden, denn die Wasserschutzpolizei hat zu wenig Personal – aufgrund von Einsparungen. Obwohl wir doch alle wissen, welchen Schaden der Müll im Meer anrichtet. Der Meeresbiologe Professor Callum Roberts berichtete einmal, dass ein Freund von ihm noch in einer Tiefe von 5.000 Metern(!) Plastiktüten und Konservendosen gefunden habe. Unser Müll in dieser fremdartigen Welt! Und die von Dir und mir gewählten Politiker drücken ein Auge zu: Kein Geld für Kontrollen, um das Verbot durchzusetzen. Der helle Wahnsinn!

Erschwerend kommt hinzu, dass zahlreiche Schiffe, die deutschen Reedereien gehören, unter „fremder Flagge" fahren. Damit Du und ich das auch richtig verstehen: Deutsche Politiker wie auch die deutsche Verwaltung (auf Landes- und Bundesebene) unterstützen deutsche Reedereien, obwohl ca. 2.689 deutsche Schiffe in einem fremden Land angemeldet sind. Das Abendblatt berichtete im Dezember 2014, dass es nur noch ca. 170 Frachter gibt, die unter deutscher Flagge fahren. Ein „Fahren unter fremder Flagge" hat für die Reedereien riesige Vorteile. Besonders gravierend finde ich, wie das deutsche Recht umgangen wird, insbesondere das Arbeitsrecht. So wird die Besatzung – wenn man Glück hat, ist wenigstens der Kapitän ein Deutscher – nicht nach den deutschen Tariflöhnen bezahlt und es gibt keinerlei Sozialleistungen oder Arbeitsschutzbestimmungen. Die großen Schifffahrtskonzerne zahlen auch nur Steuern in dem Land, in dem das Schiff angemeldet ist. Für Dich und mich und für uns alle ist dies ein gravierender Nachteil. Die Steuern fließen zwar irgendwo, aber nicht in den deutschen Fiskus.

Doch was regen wir uns auf: Unsere Politikerinnen begrüßen, billigen und unterstützen dieses System seit Jahrzehnten. Ein Schelm, der dabei etwas Böses denkt, denn die Schiffe gehören ja auch weiterhin den deutschen Schifffahrtskonzernen.

Im Zusammenhang mit dem Thema Verkehr gibt es noch ein weiteres, riesengroßes Problem neben der Verschmutzung unserer Umwelt: der Lärm! Und auch hier versagen Politiker und Verwaltung. Hör zu, ich erkläre es Dir.

Alle Verkehrsteilnehmer verursachen Lärm, insbesondere Autos, die Bahn und Flugzeuge. Ich will Dir erst einmal erzählen, wie es mir persönlich damit geht. Ja, ich genieße es, alle diese Verkehrsmittel benutzen zu können. Natürlich gehe ich auch sehr gerne zu Fuß und aus sportlichen Gründen fahre ich Fahrrad. Doch genauso gerne nutze ich das Auto, die Bahn und manchmal auch das Schiff. Außerdem finde ich Flugzeuge zutiefst beeindruckend. Alles zu seiner Zeit, nach meiner persönlichen, gut überlegten Abwägung erscheint mir dies vertretbar. Schließlich sind all diese Verkehrsmittel in Deutschland zugelassen. Und dennoch möchte ich nicht in unmittelbarer Nähe einer Autobahn oder Güterzugstrecke wohnen. Oder in der Einflugschneise eines Flughafens. Wahrscheinlich denkst Du dasselbe. Stehen wir hier nicht für die meisten Deutschen?

Manchmal frage ich mich: Warum befinden sich Flughäfen nicht auf der „grünen Wiese", wo nicht so viele Menschen leben? Doch würden wir diese Flughäfen genauso nutzen wie die Airports in den Städten? Die gleiche Frage gilt auch für Eisenbahnstrecken – warum gehen diese mitten durch Städte und Dörfer? Es ist halt praktisch, wenn ein Bahnhof mitten in der Stadt ist und nicht irgendwo außerhalb.

So lässt es sich vielleicht grundsätzlich nicht vermeiden, dass man in einem Gebiet wohnt, wo die Lärmbelästigung durch Verkehr, aus welchen Gründen auch immer, relativ hoch ist. Manchmal ist es aber auch umgekehrt. Da standen zuerst die Häuser, die Ortschaften, die Städte – und dann kam erst irgendein Verkehrslärm. Aus ganz unterschiedlichen Gründen. Manchmal weiß man gar nicht genau, was zuerst da war, so wie bei der Henne und dem Ei. Nähern wir uns dem Thema deshalb anhand einiger Beispiele.

Nehmen wir als Beispiel die Region zwischen Koblenz und Mainz. Das Mittelrheintal ist eine wunderschöne Landschaft in unserem Deutschland, durch die sich der Rhein schlängelt. Es gibt beeindruckende Natur und tolle Wanderwege. Doch auf beiden Seiten des Flusses gibt es Eisenbahnschienen, die teils von Personen-, teils von Güterzügen genutzt werden. Die Menschen, die dort leben, sind also einem stetigen Lärmterror durch den Bahnverkehr ausgesetzt: Über 550 Züge rauschen durch das Tal.

Bei Tag und vor allem auch in der Nacht. Zuletzt berichtete das SWR-Fernsehen im Juni 2015 über die Hilflosigkeit der betroffenen Bürger. In dem Beitrag schrien die betroffenen Landsleute ihren Frust nur so heraus: dass sie nachts nicht mehr schlafen könnten; dass sogar ihre Kinder unter dem Krach leiden müssten. Denn teilweise übersteigt der Lärm sogar 100 Dezibel (db). Nur so, unter uns gesagt: Ab 45 db ist eine Unterhaltung in normaler Lautstärke nicht mehr möglich und ab 80 db wird das Gehör geschädigt. Ein Güterzug erreicht dabei durchschnittlich ca. 90 db. Ihre Häuser haben zahlreiche Risse, viele Hotels und Restaurants mussten schließen.

Das ist also das Ergebnis unserer hervorragenden Verkehrspolitik! Warum unternehmen die Verantwortlichen nichts? Weder in der Politik noch bei der Deutschen Bahn AG? Warum wird keine Ausweichstrecke gebaut? Diese könnte teilweise unterirdisch verlaufen, so wie bei der Schnellstrecke von Köln nach Frankfurt am Main. Für diese Strecke gab es doch auch genügend Geld!

Noch schlimmer: SAT1 berichtete im August 2016 darüber, dass es eine glasklare Entscheidung des Bundesverkehrsministeriums gebe. Demnach sei eine alternative Güterverkehrsstrecke zur Lärmentlastung des Mittelrheintals im neuen Bundesverkehrswegeplan nicht vorgesehen. Eine Katastrophe für die ganze Region! Ehrlich gesagt: Mir fehlen die Worte! Was für eine Frechheit!

Dasselbe Phänomen staatlich verordneten Lärm-diktats finden wir an den Flughäfen, zum Beispiel in Frankfurt am Main und in Köln-Bonn. Zwar gilt am Frankfurter Flughafen ein sogenanntes Nachtflug-verbot (zwischen 22 und 6 Uhr keine Starts bzw. Landungen), doch dieses wird mit Billigung der Poli-tik ständig umgangen. Lärmpausenmodell heißt die Lösung: Von 22 bis 23 Uhr darf nur auf einer Flug-bahn und morgens von 5 bis 6 Uhr nur auf zwei statt drei Flugbahnen gestartet und gelandet werden.

Weißt Du, da frage ich mich: Ist diese Lärmpause nicht nur Augenwischerei? So nach dem Motto: Wir machen doch etwas! In diesem Moment denke ich gerade wieder an das oben erwähnte Zitat von Herrn Mustermann: „Ich fühle mich verarscht!" Dieses Gefühl zieht sich durch mein ganzes Buch. Und in diesem Fall würde ich die Verantwortlichen des Flughafens und in der Politik gern fragen: Müssen Flugzeuge überhaupt schon um 5.00 Uhr morgens starten? Haben die Anwohner keine Rechte? Offensichtlich nicht, denn – gib Acht! – der Frank-furter Airport will sogar wachsen.

Betrachten wir einmal die Zahlen ab 1950: Damals gab es ca. 195.330 Starts und Landungen, im Jahr 2015 waren es ca. 468.153 Starts und Landungen. In 65 Jahren haben sich die Zahlen mehr als ver-doppelt. Und die Verantwortlichen planen noch mehr Terminals und womöglich auch weitere Start- und Landebahnen. Für das Jahr 2020 sollen es über 700.000 Starts und Landungen werden!

Und was sagen betroffene Anwohner und Bürger dazu? Sie werden sich zunehmend mit noch gar nicht genau quantifizierten Gesundheits- und Gebäudeschäden infolge der Lärmbelästigung auseinandersetzen müssen, etwa mit Wirbelschleppenschäden: Sie treten immer dann auf, wenn die Tragflächen eines Flugzeugs aufgrund des Luftstroms einen Auftrieb erzeugen. Bei jedem Start können sie somit Schäden an Häusern verursachen, besonders die Dächer sind in Gefahr. Doch so banale Probleme, die die Verantwortlichen überhaupt nicht in den Griff bekommen, stören nur bei der so wichtigen Expansion.

Deshalb frage ich mich immer wieder: Könnten die Stadt Frankfurt, das Land Hessen und der Flughafen nicht auf den zweiten großen Flughafen Frankfurt-Hahn in Rheinland Pfalz ausweichen? Diesen Standort sollte man besser ausbauen und vielleicht sogar attraktive Flugverbindungen dorthin verschieben. Oder noch besser: Es gab einmal gute, deutsche Ingenieure, die den Transrapid erfanden. Wie wäre es denn, wenn vom Frankfurter Hauptbahnhof ein Transrapid zum Frankfurter Airport und zum Flughafen Frankfurt-Hahn führe? Ist dies zu innovativ gedacht? Zu fortschrittlich? Vielleicht ist es ja wieder das länderpolitische Konkurrenzdenken, das dagegen spricht: Nein, wir wollen das nicht, wir sind Hessen!

Noch schlimmer werden die Bewohner um den Flughafen Köln-Bonn belästigt, denn dort gibt es kein Nachtflugverbot. Hier müssen sich die Betroffenen rund um die Uhr mit dem Fluglärm abfinden.

Und dies mitten in der Großstadt, weil die Einflugschneise genau über die Kölner City führt. Die Begründung finden wir auf der Internetseite des Flughafen Köln-Bonn: wirtschaftliche Interessen. Dabei sitzen im Verwaltungsrat des Flughafens neben Managern auch viele Repräsentanten aus der Politik: 30,94% jeweils für die Bundesrepublik Deutschland und das Land Nordrhein-Westfalen, 31,12% Stadt Köln, 6,06% Stadt Bonn, 0,59% Rhein-Sieg-Kreis und 0,35% Rheinisch-Bergischer Kreis. Sie alle tragen für den nächtlichen Fluglärm die Verantwortung. Sie wissen um die ständig steigende Belästigung und tun nichts dagegen. Muss dies denn wirklich sein und gerade in der Nacht? Tagsüber gibt es doch genügend Zeiten, in denen es freie Kapazitäten für Starts und Landungen gibt.

Bedenke all diese Dinge, die ich Dir bis jetzt erzählt habe: Wäre es da nicht nur gerecht, wenn, wir, Du und ich, alle Bürger, darüber entschieden, ob es ein allgemeines Nachtflugverbot für deutsche Flughäfen geben sollte? Wir sollten gemeinsam überlegen: Gibt es wirklich triftige Gründe für Starts und Landungen in der Nacht? Gäbe es überhaupt finanzielle Verluste bei einem Nachtflugverbot? Und wie hoch wären sie?

Leider betrifft das Problem der Lärmbelästigung auch unser gesamtes Straßennetz. Es fängt ja schon mit dem Zustand unserer Straßen an: katastrophal – das hieße, es noch schön zu reden. Ob auf Autobahnen, Landstraßen oder Straßen in Ortschaften bzw. Städten, der Zustand ist überall gleich schlecht. Wölbungen, Risse, Gräben, aufgeplatzter Teer sind normal und durch das Darüberfahren der Autos und Lkws – halt: vielmehr das „Darüberhoppeln" – entsteht Lärm. Krach! Die Verantwortlichen in Politik und Verwaltung wissen davon, doch sie behaupten, sie könnten nichts dafür. Die anderen sind schuld! Lustig ist das immer, wenn dann Schilder aufgestellt werden, anstatt die Straße zu reparieren: „Achtung Straßenschäden!" Wir müssen ganz langsam fahren, weil die Verantwortlichen nichts tun.

Sehr oft hören wir in diesem Zusammenhang immer wieder Vorschläge, die nichts als blinder Aktionismus sind. Da kann ich mich nur schütteln. Ein Beispiel: Auf der Internetseite des Landes Baden-Württemberg können wir lesen, dass es ein Projekt zur Minderung des Lärms gibt. Bisher haben die Menschen dort keinen Anspruch auf Schutz vor Lärm an bestehenden Straßen und Schienenwegen. Will sagen: Es gibt keine entsprechenden Gesetze. Alle Maßnahmen diesbezüglich sind also freiwillig. Weißt Du, was wir uns hier doch als Erstes fragen müssten: Warum ist das eigentlich so? Wieso gibt es keine entsprechenden Vorschriften? Es muss dazu doch schleunigst ein Gesetz auf Bundesebene – die Bundesländer sind nicht zuständig – verabschiedet werden. Warum verplempern die Verantwortlichen in Baden-Württemberg dann aber unsere Spenden und verursachen hohe Verwaltungskosten – wissentlich, dass sie gar nicht dafür zuständig sind?

Noch unverschämter finde ich diese Aussage der baden-württembergischen Landesregierung: „Die Kosten der Maßnahmen werden den Verfahrensbeteiligten entsprechend den Verursacheranteilen ihrer Infrastruktur (Straßen, Schienenwege) zugeordnet. Diese ergeben sich aus den jeweiligen energetischen Beiträgen an der Gesamtlärmbelastung des Gebietes. Die Maßnahmen des gemeinsamen Sanierungsprogramms werden von den jeweils zuständigen Stellen in eigener Verantwortung durchgeführt."

Als Erstes fällt mir auf, dass ich einen Übersetzer brauche. Können die da oben nicht so schreiben, dass wir alle dies verstehen? Am unglaublichsten finde ich aber, dass die Kosten der Maßnahmen die Verursacher übernehmen müssen. Hallo? Wir zahlen doch schon genug Steuern!

Nun können Du und ich denken, was wir wollen. Leider, weil die Verantwortlichen uns nicht zuhören. Dabei kennen wir doch die Lösung: Die Steuereinnahmen aus diesem Bereich (Kfz-Steuer, Mineralölsteuern, Mehrwertsteuer beim Kauf eines Autos, Lkw-Steuern und Lkw-Maut) sollten ausschließlich für die Sanierung und den Neubau von Straßen verwendet werden. Aber Fehlanzeige: Mit diesen Einnahmen wird nämlich alles andere finanziert – nur eben keine Straßensanierungskonzepte zur Minderung des Verkehrslärms.

Im nächsten Beispiel geht es um die Schölischer Straße im niedersächsischen Stade. In der Sendung Panorama wurde im August 2016 über den dortigen

Wahnsinn berichtet. Denn: Diese Straße sei die reinste Buckelpiste, wie Anwohner den Reportern mitteilten. Seit 48 (!) Jahren wäre nichts gemacht worden – und jetzt ein Wunder: Für 9,8 Millionen Euro wird alles saniert und die Anwohner dürfen sich mit schlappen 1,5 Millionen Euro an den Kosten beteiligen – betroffene Bürger, wie Du und ich müssen die Zeche zahlen. Welch eine Freude für sie!

Aber das ist noch nicht alles: Vor Jahren hatte eine Familie überlegt, ob sie auf ihrem Grundstück ein weiteres zweigeschossiges Haus bauen sollte und die Idee vorsorglich in den Bebauungsplan eintragen lassen. Diese Eintragung blieb bestehen, obwohl das Wohnhaus nie gebaut wurde. Das wird der Familie jetzt zum Verhängnis, denn bei der Berechnung der anteiligen Kosten an der Straßensanierung werden auch die Geschosszahlen berücksichtigt. Deshalb muss sie nun die unglaubliche Summe von 140.000 Euro zahlen. Das Rentnerehepaar ist verzweifelt, immer hat es brav seine Steuern und Abgaben gezahlt und nun soll es kurzfristig die erste Rate (über 70% der Summe) an die Kommune zahlen. Was für eine Ungeheuerlichkeit? Für eine schönere Straße und damit die Lkws zukünftig noch schneller vorbeibrettern. Und Verwaltung und Politik finden das Vorgehen auch noch richtig. Was meinst Du? Ich sage: Die ticken nicht mehr ganz sauber!

Ich weiß, du verstehst meine Wut. Mir tun die betroffenen Anwohner unendlich leid. Was für ein Ärger! Was für eine Unverschämtheit! Und nur wegen solcher Spackos, wegen solcher Versager im Staatsapparat. So, jetzt atmen wir beide, Du und ich, einmal kurz durch und dann weiter.

Es gibt zwar keine öffentlichen Gelder für einen leiseren Belag auf unseren Straßen, aber gleichzeitig kannst Du Dir fast täglich die abstrusesten und hirnrissigsten Entscheidungen von Politik und Verwaltung zum Verkehr anhören. Bundesweit. Ich erzähle Dir nur einige, wenige Beispiele, bei denen mir jetzt noch die Haare zu Berge stehen:

Da wurde im Hessischen Rundfunk Anfang April 2016 über einen radikalen Baum-Kahlschlag an den hessischen Autobahnen berichtet. Alle Bäume müssten vernichtet werden! Hätte es sich um Menschen gehandelt, würden wir hier von Ermordeten sprechen! Denn für diese Aktion gab es überhaupt keinen Grund, weil diese Bäume hinter Schallschutzwänden standen und somit keine Gefahr für Pkws und Lkws darstellten. Vielleicht sind Du und ich ja ein wenig begriffsstutzig, weil wir nicht erkennen, dass sie für die Häuser und ihre Bewohner ungeheuer gefährlich sind. Ja, in der Tat, das könnte es sein: eine Gefahr für die Bewohner. Was für ein Schwachsinn! Warum wurden hier wieder einmal Millionen Euro verschwendet? Die Verantwortlichen konnten darauf keine Antwort geben. Es hieß nur, dass es so angeordnet worden sei.

Im nächsten Beispiel geht es um marode Brücken, in Niedersachsen, in Schleswig-Holstein, in Nordrhein-Westfalen … äh, eigentlich in ganz Deutschland. So berichtete die Frankfurter Allgemeine Zeitung bereits vor vier Jahren, dass sich ca. 67.000 Brücken in unserem Land in einem schlechten Zustand befänden. Überall – im Norden und Süden, im Westen und Osten – sind sie für den Verkehr nicht mehr benutzbar.

Besonders schlimm ist die Situation in Nordrhein-Westfalen: Hier müssten laut der Westdeutschen Allgemeinen Zeitung vom Dezember 2012 sofort 375 Brücken auf Bundesfernstraßen saniert werden. Oder mit anderen Worten: Die Verantwortlichen in Bund und Ländern haben gepennt anstatt zu handeln. Besonders dramatische Auswirkungen hat das für den Verkehr auf der A1 – eine der wichtigsten Nord-Süd-Verbindungen im Westen Deutschlands. Die sogenannte Leverkusener Brücke ist mittlerweile so baufällig, dass sie für Lkws gesperrt ist. Das Argument für diese Maßnahme lautet: Die Brücke sei 50 Jahre alt und nicht mehr für den immer stärker zunehmenden Straßenverkehr geeignet, besonders nicht für die explosionsartig gestiegene Zahl an Lkws. Doch bei genauerer Recherche müssen wir feststellen: Diese Brücke ist im Jahr 1965 für die tägliche Überquerung von ungefähr 47.000 Autos entwickelt worden. In den Jahren 1990 bis 1995 stellte man dann fest, dass diese Vorhersage ja viel zu niedrig (Huch!) war. Folglich erweiterte man die Brücke zu einer sechsspurigen Autobahn. Meine bescheidenen Fragen dazu lauten: 1. Warum hat man 1965 keine höhere Vorhersage treffen können?

2. Warum hat man spätestens bei der Erweiterung auf sechs Spuren nicht gleichzeitig die Stabilität der Brücke verstärkt?

Offensichtlich haben wir nur kurzsichtige Akteure und Vollpfosten in den verantwortlichen Gremien und Ausschüssen sitzen. Denn das gleiche Spiel wiederholt sich im Moment: Die vorhandenen Schäden der Leverkusener Brücke werden nur notdürftig repariert, aber es gibt kein neues Gesamtkonzept zur Lösung des Problems wie zum Beispiel den Bau eines 10-spurigen Tunnels unter dem Rhein hindurch. So hätten die täglichen Staus an dieser Stelle ein Ende!

Leider werden die von uns Autofahrern so zahlreich gezahlten Steuern fast nie für dringend benötigte Straßen und Autobahnabschnitte ausgegeben. Aber mobil und flexibel sollen wir sein! Dabei belegen die täglichen Verkehrsmeldungen das unzureichende Straßennetz im Bund, in den Ländern sowie in Städten und Kommunen. Mein Fazit: Jeden Tag, meistens morgens und abends, haben wir während der „Rush Hour" auf allen Straßen in ganz Deutschland unzählige Staus. Hunderte Kilometer, verbunden mit Lärm und vermeidbaren Abgasen.

Wenn wir dann lesen, wie kompliziert der Bau einer neuen Autobahn in unserem Land ist, fragen wir uns: Warum muss das so sein? Ein so hochkomplexes, undurchsichtiges, teures Verfahren? Von der Planung bis zum ersten Spatenstich müssen fünf Stufen umgesetzt werden. Im ersten Moment hört sich dies harmlos an, aber in Wirklichkeit ist es so umfangreich und „aufgedonnert", dass wir uns nur wundern können. Ich versuche, es Dir zu erklären: Auf der Internetseite Straßen-NRW können wir nachlesen, dass jede Straßenplanung mit einer gesetzlich vorgeschriebenen Bedarfsplanung beginnt. Bedarfspläne enthalten je nach Bewertung ihrer Dringlichkeit einen Planungsauftrag an die Straßenbauverwaltung. Danach gibt es eine sogenannte Linienfindung, bei der der grobe Verlauf der geplanten Straße und die vorgesehenen Verknüpfungsstellen mit dem übrigen Straßennetz festgelegt werden. Die betroffenen Anwohner sollen auf der Basis der Bedarfsplanung miteinbezogen werden. Darauf folgt eine Entwurfsplanung. Hier geht es um das Finden eines großräumigen, detaillierten Konzepts. Die Straßenbauer achten dabei angeblich auf eine moderne „Entwurfstrassierung", insbesondere unter Berücksichtigung des Fahrraums und der Verkehrsraumgestaltung. – Gute Güte, ist das nicht kompliziert und aufwendig? Doch es geht noch weiter! – Es folgt nämlich das Planfeststellungsverfahren. Hier heißt es wörtlich:

„Die Straßengesetze bestimmen, dass neue Bundes-, Landes- und Kreisstraßen nur gebaut werden dürfen, wenn der aus Zeichnungen, Berechnungen und Erläuterungen bestehende Plan vorher festgestellt ist. Zweck der Planfeststellung ist es, alle von dem Bauvorhaben berührten öffentlichen und privaten Belange miteinander abzuwägen und widerstrebende Interessen auszugleichen."

Sorry, aber was gibt es da eigentlich noch abzuwägen? Auf allen Straßen in unserem Deutschland
gibt es sehr, sehr viele Verkehrsteilnehmer. Im Jahr
2015 wurde eine gesamte Staulänge von 960.000
Kilometern aufgezeichnet. Damit hat sich die Zahl
seit 2002 fast verdreifacht.

Zum Abschluss, nach allen bisherigen Stufen,
kommt das Verfahren endlich mit der Ausfüh-
rungsplanung. Dies bedeutet, dass der Straßenbau
ausgeschrieben werden muss. Interessierte Firmen
können dann an der Ausschreibung teilnehmen. In
der Regel wird das billigste Angebot genommen. Da
sich die Firmen, die einen Auftrag erhalten, oft am
Rande eines Konkurses befinden, kann man sie für
die auftretenden Schäden meist nicht mehr haftbar
machen: Es gibt sie nämlich nicht mehr. Warum
nimmt man dann nicht lieber das etwas teurere
Angebot einer wirtschaftlich stabilen Firma? Die ist
vielleicht schon lange am Markt und hat sehr gute
Referenzen, denn sie arbeitet zügig und qualitativ
sehr hochwertig. Und diese Firma leitet die Arbeit
nicht an Sub-Unternehmer weiter, die sie dann
wieder an andere Firmen weiterleiten. Aber nein,
man nimmt die günstigste Firma mit dem niedrigsten
Preis. Irgendwann gibt es den ersten Spatenstich –
und es kann endlich losgehen.

Bei dem oben geschilderten Verfahren, einem
totalen Planungs-Blödsinn, ist es doch kein Wunder,
dass in der Zeit von 1995 bis 2015, also in der
langen Zeit von 20 Jahren, laut der Internetseite der

Bundesdeutschen Statistik insgesamt nur 1.806 Kilometer neue Autobahnen gebaut wurden. Deutschland hat eine Planungszeit von durchschnittlich 22 Jahren! Obwohl wir doch nachweislich bei dem hohen Verkehrsaufkommen zu wenig Straßen haben. Und wir, Du und ich, wissen ganz genau, dass es auch anders gehen könnte. Wenn der gesunde Menschenverstand eingeschaltet werden würde: Nach unserer Wiedervereinigung wurden in Ostdeutschland von 1990 bis 1995 nämlich 2.321 Kilometer an neuen Bundesstraßen gebaut. Eine wahnsinnig hohe Zahl in nur fünf Jahren! Den ganzen Wahnsinn an Vorschriften, Planungsstufen und juristischen Hindernissen schob man zugunsten der realen Notwendigkeiten einfach beiseite. Geht doch! All diesen unglaublichen Wust und Stumpfsinn an verwirrten und wahnsinnig teuren Verwaltungsakten, unter Einbeziehung und Befragung der Behörden sowie zusätzlicher Ämter und Parlamente – immer jeweils auf kommunaler Ebene und unter Einschluss der Länder und des Bundes. Teilweise sogar noch unter Einbeziehung der Europäischen Union. Was für ein himmelschreiender Skandal!

Jetzt habe ich Dir so viele Beispiele zum alltäglichen Wahnsinn auf dem Wasser, in der Luft und auf den Straßen erzählt. Sollten wir beide also unseren „angeblichen" Verkehrsexperten vertrauen? Jenen, die das alles zugelassen haben? Aber ich bin noch nicht fertig: Was fehlt? Richtig, die Deutsche Bahn AG.

Die Deutsche Bahn AG gehört Dir und mir, also uns allen, weil die Bundesrepublik Deutschland der Hauptaktionär ist. Und wem gehört dieses Deutschland? Eben Dir und mir. Also betrifft uns alle dieser Irrsinn bei der Bahn – und nicht nur als Passagiere.

Die heutige Deutsche Bahn AG war früher einmal die Deutsche Bundesbahn (DB). Damals war die DB offiziell ein sogenanntes „nicht-rechtsfähiges" Sondervermögen des Bundes" und bis zur ihrer Auflösung am 31. Dezember 1993 war die Welt noch in Ordnung, denn die DB war fast immer pünktlich und zuverlässig. Da passte noch der Werbeslogan: „Alle reden vom Wetter. Wir nicht!" Selbst bei Schneegestöber kam die Bahn noch angerauscht. In allen Personenzügen gab es genügend Personal, das nicht nur kontrollierte, sondern auch in der Not half und für Sicherheit sorgte. Jeder Personenzug hatte sogar einen extra Wagen für das Gepäck und die Post. Die Deutsche Bundesbahn war ein Garant für den Wiederaufbau von Deutschland. Sie war eine Säule der Verlässlichkeit!

Am 1. Januar 1994 begann das Chaos. Ab diesem Zeitpunkt gab es die Deutsche Bahn AG. Mit der Begründung, dass alles besser wird. Der Staat übernahm die Schulden von ca. 6,4 Milliarden Euro und das neue Unternehmen tat nur eines: sparen. Alles wurde nach und nach eingespart, besonders aber das Personal. Die Katastrophe begann. Seit 264 Monaten gibt es keinen einzigen Monat, wo nicht irgendetwas Negatives passiert. Das Ziel dieser unsäglichen Einsparungspolitik: Die Deutsche Bahn AG muss unbedingt an die Börse, um dort Gewinne zu erzielen. Von diesem Ziel ist man zwar angeblich wieder abgerückt, angeblich, doch dann frage ich mich: Warum wird die Bahn nicht wieder ein „Sondervermögen des Bundes", also ein Staatsunternehmen? Mit einem zuverlässigen Streckensystem und Zeitplan sowie motivierten Mitarbeitern.

Zuerst erzähle ich Dir etwas zur heutigen Situation des Personals: Zu Zeiten der Deutschen Bundesbahn sorgte der Staat für sein Personal und dieses streikte nicht. Im Gegenteil, es stand uns, den Fahrgästen, mit Rat und Tat zur Seite. War es also wirklich so schlimm, dass damals bei der DB die meisten Mitarbeiter einen Beamtenstatus hatten? Heute ist das Personal nur noch ein störender Kostenfaktor für den Bahnvorstand. Die Mitarbeiter werden wegrationalisiert, ausgelagert, im Gehalt heruntergestuft und mit Zeitverträgen abgespeist – ausgepresst wie Zitronen. Höre dazu meine Beispiele:

Erinnerst Du Dich noch an den Hilferuf der Mitarbeiter am Stellwerk in Mainz im August 2013. Wochenlang konnten mehrere Bahnhöfe in und um Mainz nicht angefahren werden, weil der radikale Stellenabbau dazu geführt hatte, dass es nicht mehr genügend Fahrdienstleiter gab. Eine unsägliche Situation! Alles natürlich mit Zustimmung der Politik. Verantwortung gegenüber dem Personal ist gleich Null. Warum auch? Das Ausbeuten des Personals macht viel mehr Spaß.

Auch der Unfall in Bad Aibling im Januar 2016 hat für mich einen bitteren Beigeschmack. Ich vermag zwar nicht zu beurteilen, ob der verantwortliche Mitarbeiter im Stellwerk tatsächlich „Bockmist" gebaut hat. Aber wie kann es sein, dass eine einzige Person für eine eingleisige Bahnstrecke die Verantwortung trägt? Ohne zusätzliche Kontrollen? Ohne technische Blockade der beiden Züge? Wenn doch der eine Zug schon losgefahren ist, wie kann dann auch der andere starten?

Als nächstes möchte ich Dir etwas zum Thema Schienen und Güterzüge erzählen, denn auch hier wurde über Jahre hinweg „geschlampert". Bedenke: immer mit Deinen und meinen Spenden, mit unseren Steuergeldern! Als der Bayerische Rundfunk darüber berichtet hat, fehlten mir die Worte. Ich war erschüttert! Besonders widerlich ist dieses doppelzüngige Gehabe, diese Falschheit der Verantwortlichen.

Der Güterverkehr in Deutschland läuft nur über ganz wenige Strecken, auf denen die Züge Tag und Nacht lärmend vorbeirasen. Gleichzeitig beschwert sich die Politik darüber, dass immer mehr Güter auf der Straße transportiert werden. Gleichzeitig besitzt die Deutsche Bahn AG aber erstaunlicherweise eine eigene Lkw-Spedition: Die Firma Schenker transportiert Güter für jeden Auftraggeber quer durch ganz Deutschland und Europa – vor allem mit dem Lkw. Somit macht sie sich im eigenen Haus Konkurrenz! Oder hat die Deutsche Bahn AG überhaupt kein Interesse am Gütertransport auf den Schienen?

Das Bayerische Fernsehen berichtete Ende August 2016 in der Sendung „Kontrovers – die Story", dass seit Jahren der Vorstand nichts gegen den ständigen Abbau der Güterzüge einschließlich der Güter-Schienenstrecken unternimmt. Sehr passend war die Überschrift des Beitrags: „Falsches Signal – Wie die Bahn beim Güterverkehr versagt!" Und auch eine weitere Tochtergesellschaft der Deutschen Bahn AG, die DB Cargo, plant, in den nächsten Jahren unzählige Güterbahnhöfe zu schließen. Über 3.500 Stellen sollen gestrichen werden, denn Mitarbeiter stören nur. Einige Kommunen wollen deshalb sogar einspringen und die Güterbahnhöfe der Deutschen Bahn AG abkaufen.

Fassen wir also zusammen: Unsere tolle Deutsche Bahn AG hat zwar schon seit Langem fertige Pläne für neue Güterstrecken in der Schublade liegen, aber man plant und redet lieber, als sie zu bauen. Über Jahre hinweg. Denn die Deutsche Bahn AG hat grundsätzlich kein Interesse mehr am Gütertransport – mit Billigung der Politik. Das nenne ich eine verfehlte Verkehrspolitik!

Doch das Schlimmste kommt zum Schluss: Die administrativen Abläufe für dringend erforderliche Baumaßnahmen sind ähnlich chaotisch wie bei der Straßenplanung und führen zu absurden Situationen. Niederschmetternd! Wir konnten dies an einem Beispiel im August 2016 im NDR sehen. Da gibt es eine unglaubliche Panne beim Bahnhof in Bad Bentheim. Die Deutsche Bahn AG investierte ca. 4,6 Millionen

Euro in die Erhöhung der Bahnsteige, damit Rollstuhlfahrer leichter ein- und aussteigen können. Aber: Nach der Erhöhung des Bodens konnte keine Tür des Gebäudes mehr geöffnet werden. Deshalb müssen die Kunden, also Du und ich, jetzt über einen Stuhl und danach durch ein Fenster des Gebäudes klettern, um den Bahnsteig zu erreichen bzw. zu verlassen. Dieses Verplempern unseres Geldes ist unerträglich! Und schuld sind die chaotischen Verwaltungsabläufe: viel zu viel, zu kompliziert, zu verwirrend. In meinem Beispiel gehörte das Bahnhofsgebäude der Stadt und deshalb kam es zu dem Durcheinander. Aber warum gehört ein Bahnhof eigentlich einer Kommune und nicht der Bahn?

Doch es kommt noch schlimmer: Es gibt ein Bundesschienenwegeausbaugesetz sowie Bedarfs- und Investitionsrahmenpläne für die Verkehrsinfrastruktur des Bundes. Für die angeblich notwendigen Rahmenbedingungen für Planungs- und Investitionssicherheiten bestehen noch weitere Pläne. Aber tatsächlich entscheidet die sogenannte Fulda-Runde, wie der Berliner Verkehrsforscher Michael Holzhey herausgefunden hat. Diese Runde besteht aus einigen Mitarbeitern des Bundesverkehrsministeriums und der Deutschen Bahn AG. Fertig. Das sind also die Entscheider, die für das gefährliche Chaos verantwortlich sind.

Denn die Gleisstrecken im gesamten Bundesgebiet sind in einem katastrophalen Zustand. Unzählige Brücken müssten sofort erneuert werden – ähnlich wie bei den Straßen. Viele Gleise funktionieren nicht mehr. So konnten wir im Juni 2016 in der ZEIT nachlesen, dass auch hier die Verantwortlichen Bau- und Planungsmaßnahmen zu einem höchst komplizierten Verfahren aufgebauscht haben. Bundes- und Landespolitiker sowie Bahnmanager würden dabei wie in einem „Bermudadreieck der Verantwortungslosigkeit" agieren. Du kannst ihre Erfolglosigkeit gut am Bundesverkehrswegeplan ablesen. Er zeigt, dass nur die wenigsten Streckenmaßnahmen tatsächlich umgesetzt wurden. Wer übernimmt eigentlich die hier verschwendeten Planungskosten?

Wenn Du das liest, musst Du Dich doch fragen: Darf ein staatlicher Dienstleister wirklich nur existieren, wenn er Gewinne macht? Aber dann will ich auch wissen, was mit unserem Bundesetat, unseren Ministerien und diversen Bundes- und Landesämtern ist. Der Bund hatte im Jahr 2015 ca. 311,4 Milliarden Euro Einnahmen, die er komplett wieder ausgegeben hat. Ja, Du hast richtig gelesen: All unser Geld ist schon wieder weg, alles ausgegeben. Dabei hat der Staat Schulden, viele Schulden: ca. 2.300 Milliarden Euro! Was ist das also für ein schwachsinniges Argument, dass ein staatlicher Dienstleister Gewinne machen muss?!

Ganz im Gegenteil: Seit der von den damaligen Verantwortlichen beschlossenen und diktierten Privatisierung der ehemaligen Deutschen Bundesbahn muss der Staat jährlich Milliardensummen für diverse Sanierungsmaßnahmen überweisen. Meine Wut und Empörung kennen keine Grenzen! Bist Du auch so fassungslos angesichts dieses Wahnsinns?

Findest Du dies alles normal und gut? Grundsätzlich meine ich: Wir, die Bevölkerung, wurden kein einziges Mal gefragt, ob wir für oder gegen eine Privatisierung der Bahn sind. Wir sind ja auch zu doof dafür – meinen die Verantwortlichen. Doch jetzt ist der Zeitpunkt gekommen, an dem wir alles neu durchdenken müssten: Was wollen wir? Soll der Transrapid, diese deutsche Erfindung, wirklich nicht gebaut werden? Wäre sie eine Alternative zum ICE? Da das ganze Schienennetz doch eh marode ist, sollten wir nicht eher auf diese schnelle Verbindung setzen? Wir können woanders sehen, wie die Planung und Umsetzung von Bauvorhaben auch gehen könnten, zum Beispiel bei unseren südlich angrenzenden Nachbarn, den Schweizern. Hast Du im Fernsehen mitverfolgt, wie die Schweiz am 31. Mai 2016 die größte Tunneldurchquerung der Alpen feiern konnte? Der St.-Gotthardt-Eisenbahntunnel ist fertig.

Ein Jahr vor dem eigentlich vorgesehenen Termin!

Kannst Du Dir das vorstellen? Ich wiederhole es lieber noch einmal: ein Jahr vor dem offiziellem Termin! Wir können nur staunen. Ein Großprojekt – und alles im Zeitrahmen. Und auch noch günstiger als ursprünglich veranschlagt. Davon kann man in Berlin, Hamburg oder Stuttgart nur träumen. Warum funktioniert das in der Schweiz? Und wir in Deutschland scheitern regelmäßig. Was für ein Armutszeugnis für unser Land! Wir alle müssen dies ändern! Denn Deutschland hätte genügend Zeit gehabt, die Anschlussstrecken für den Güterverkehr in die Schweiz zu bauen. Doch bis heute – Fehlanzeige. Nichts ist fertig – von der holländischen Grenze durch Deutschland bis an die Schweizer Grenze!

Zwei Wochen später, im Juni 2016, überraschte mich die Nachricht im Internet auf FOCUS Online, dass das niedersächsische Innenministerium höhere Strafen für zu schnelles Fahren fordert: Bei einer Überschreitung von 20 km/h soll es eine Geldstrafe von über 1.000 Euro geben. Grundsätzlich müssen wir uns doch da alle fragen: Haben die noch alle Tassen im Schrank? Die Verantwortlichen für die Verkehrspolitik sind unfähig, irgendetwas vernünftig zu planen, ob bei der Deutschen Bahn oder bei den Straßen und maroden Brücken. Doch anstatt sich mit dem Chaos intensiv auseinanderzusetzen, erhöhen unsere Verkehrsminister lieber die Bußgelder. Als Ablenkungsmanöver? Es wird Zeit, dass wir, das Volk, über unsere Mobilität abstimmen.

Insgesamt muss ich feststellen: Obwohl ich mich nur auf die größten Katastrophen in der Verkehrspolitik beschränkt habe, ist dieses Kapital recht lang geworden. Doch das liegt am Thema, denn alles, was unseren Verkehr betrifft, ist – vielleicht extra und ganz bewusst – sehr kompliziert.

Dabei hatten die Verantwortlichen genügend Zeit: nicht Tage, nicht Monate – wir sprechen hier über Jahrzehnte. Über 60 Jahre! Also bleibt leider auch hier festzuhalten: Wieder einmal haben die Verantwortlichen in Verwaltung und Politik vollkommen versagt! Denn wie wir beide oben gesehen haben, sind sie noch nicht einmal in der Lage, ihre Hausaufgaben zu machen. Für die unsäglichen Probleme auf allen Verkehrswegen – zu Wasser, in der Luft, auf der Schiene oder auf den Straßen – tragen sie die alleinige Verantwortung. Diese Damen und Herren sind schuld an unserer Misere!

Vor allem sehe ich seit mindestens 40 Jahren überhaupt keine klare Linie in unserer Verkehrspolitik. Ich vermisse eine Strategie. So wäre für mich eine komplett neue Ausrichtung erforderlich: Alle eingenommenen Kfz-Steuern, vor allem die Mineralölsteuer sollten ausschließlich für unser Straßennetz verwendet werden. Innerdeutsche Flüge müssten meiner Meinung nach verboten werden und Starts und Landungen dürften nur in der Zeit von 6.00 Uhr bis 22.00 Uhr erlaubt sein. Dafür sollte die Deutsche Bahn AG auf den Transrapid setzen. Hierfür müsste kurzfristig ein neues Streckennetz gebaut werden. Ich stelle mir Brücken über unseren Autobahnen vor, auf denen der Transrapid entlang gleiten könnte und die Städte Berlin, Leipzig, Dresden, Nürnberg, München, Stuttgart, Frankfurt/Main, Düsseldorf, Osnabrück, Bremen und Hamburg miteinander verbinden würde. Die gesamte Schifffahrt muss mit Rußpartikeln ausgestattet werden, kurzfristig innerhalb von drei Monaten. Langfristig sollten die Schiffsmotoren auf Gas umgestellt werden. Schiffe, die diese Vorschrift nicht befolgen, dürften in deutschen Häfen nicht anlegen. Unsere wichtigsten Seehäfen sollten unmittelbar am Meer liegen. (Somit bräuchten wir die Elbe bis Hamburg auch nicht mehr für eine Vertiefung des Schifffahrtsweges ausbaggern.)

Aber die wichtigste Voraussetzung, ja unsere einzige Chance für eine Veränderung sehe ich darin, dass Du und ich, wir alle, über die Verkehrspolitik diskutieren und dann über die richtigen Maßnahmen abstimmen. Wir müssen dem Bundesverkehrsministerium die schnellste und beste Lösung aufzeigen. Wir müssen bestimmen, was „die da oben", die in der Verwaltung und Politik, tun sollen – und was sie nicht machen dürfen!

4.3. Arbeitswelt – der Umgang mit dem Menschen

Das größte Kapital der deutschen Wirtschaft bist Du – und ich auch. Denn das ist der Mensch. Also geht es um uns alle – wir sind das größte Kapital unserer deutschen Wirtschaft! Die wiederum ist eine wichtige Säule unseres Staates, weil die deutsche Gesellschaft vor allem aus Arbeitnehmern (also Arbeiter, Angestellte etc.) und Arbeitgebern besteht.

Damit ein Unternehmen erfolgreich agieren kann, müssen die unterschiedlichen Interessen der Arbeitnehmer und Arbeitgeber ausgeglichen sein. Ich stelle mir dies immer als eine Bilanz vor. Das Wort Bilanz kommt ja aus der lateinischen Sprache und bedeutet Waage. Vielleicht siehst Du jetzt eine alte Balken-Waage vor Dir, deren zwei Waagschalen sich auspendeln müssen, um ein Gleichgewicht herzustellen. Bei zwei so schweren Waagschalen wie den Arbeitnehmern und Arbeitgebern kann dies manchmal recht schwierig sein.

Vor 40 oder 50 Jahren sah die Arbeitswelt noch ganz anders aus. Die Arbeit, vor allem die körperlichen Tätigkeiten, waren extrem schwer und anstrengend. Doch damals stand der Mensch noch im Mittelpunkt. Alle Verantwortlichen und Beteiligten wussten, wie wichtig dieser Mittelpunkt ist. Irgendwann begann sich jedoch die „Barbarei" in die Arbeitsverhältnisse einzuschleichen. Auf einmal wurden die Gewinne immer wichtiger als die Menschen, die sie erarbeiteten. Hinzu kam, dass sich Personen von außerhalb in das Unternehmen „einkaufen" konnten. Das waren Mitmenschen, die ganz, ganz viel Geld besaßen und nicht genau wussten, was sie damit anfangen sollten. Und da Unternehmen immer ganz viel Geld benötigen, nahmen sie dieses Geld gerne an. Deshalb verkauften sie diesen Leuten Anteile am Unternehmen. Die Aktiengesellschaft (AG) war geboren. Doch leider sind Aktionäre sehr gierige Menschen und wollen für ihr Geld immer höhere Gewinne erzielen. Das Kapital wurde auf diese Weise allmählich immer wichtiger als der arbeitende Mensch. Heute gibt es immer mehr Unternehmen, in die sich diverse Fonds und Privatleute „eingekauft" haben. Sie bestimmen auch die Unternehmenspolitik mit und der arbeitende Mensch ist ihnen dabei gleichgültig. Der arbeitende Mensch stört eigentlich nur. Die Zauberwörter heißen: exorbitante Zinsen und eine saubere Weste. Geld, Geld, Geld.

Wie können wir nun den richtigen Wert einer Firma bestimmen? Möglich wäre es, die Bewertung nach dem Grundrauschen des Unternehmens vorzunehmen. Damit meine ich folgende Fragen: Was tut die Geschäftsführung für den Erhalt der Firma, sodass sie noch in 15 oder 30 oder gar 100 Jahren existiert? Wie sehen die Rücklagen aus? Wie ist der Zusammenhalt in der Firma? Wie ist der Umgang mit der Belegschaft? Werden Mitarbeiter geschult und ihre

Ideen gefördert? Wie stark engagiert sich die Firma im sozialen Bereich? Wie beurteilt sie ihre Verantwortung für unsere Gesellschaft? Wie viel Einsatz zeigt die Firmenleitung beim Umweltschutz?

Doch leider spielen diese wichtigen Punkte in der Bewertung eines Unternehmens überhaupt keine Rolle. Bei Kapitalgesellschaften, vor allem bei Aktiengesellschaften, gibt es nur einen einzigen Wert: ihr Ruf. Was redet man über die AG an der Börse? Sprechen die Börsenhändler positiv über ein Unternehmen, dann steigt sein Aktienkurs. Und umgekehrt.

Wird eine AG an der Börse gehandelt, so hättest Du die Möglichkeit, Aktien dieses Konzerns zu erwerben. Der Preis dafür, der sogenannte Kurs, wird jeden Tag neu nach Angebot und Nachfrage bestimmt. Entscheidend für eine Kurssteigerung ist, was über die AG gesagt wird. Die Antworten auf die wirklich wichtigen Fragen, die ich Dir oben aufgezählt habe, sind dabei uninteressant. Es geht nur um eine Antwort: Erwarten die an der Börse spekulierenden Personen eine positive, finanzielle Entwicklung der AG? Ein „Ja" bedeutet, dass der Kurs der Aktie steigen wird. Dabei ist es sogar egal, ob eine solche positive Beurteilung auf Fakten beruht oder nicht.

Noch perverser wird es, wenn der Konzern ankündigt, dass er im nächsten Jahr viele, viele Menschen entlassen wird. Du denkst jetzt vielleicht, dass der Wert dieser Firma drastisch fallen müsste. Offensichtlich hat der Konzern nämlich dann große Schwierigkeiten, wenn er diese Notbremse, also

Personalentlassungen, zieht. Und es zeigt uns auch, dass alle bisherigen Entscheidungen falsch waren. Eigentlich ein Armutszeugnis!

Doch nicht an der Börse: Hier gilt ein solches Rausschmeißen der Mitarbeiter als toller und innovativer Befreiungsschlag, der die Gewinne des Unternehmens und vor allem seiner Aktionäre steigern wird. Nach so einer Ankündigung schießt der Kurs der Aktie in der Regel sofort nach oben. Verstehst Du so eine menschenverachtende Beurteilung? Was für eine Perversität!

Noch interessanter sind sogenannte Fonds. Es gibt ganz verschiedene Arten von Kapital-Fonds, was für die Kapitalgeber ganz wunderbar ist. Ich erkläre es Dir: Nehmen wir einmal an, Du würdest Dein Geld in einen Fonds investieren. Die Fond-Gesellschaft sorgt dann dafür, dass Dir diese Investition saftige Gewinne beschert. Sie legt dann Dein Geld vielleicht bei verschiedenen, vielversprechenden Konzernen an und Du brauchst das Ganze nur zu beobachten. Ohne persönlich dafür arbeiten zu müssen. Und vor allem: ohne Deine Hände schmutzig zu machen! Du und ich, wir sind ja nur kleine Fische, aber die großen Geldgeber kommen teilweise aus der ganzen Welt.

Manchmal arbeiten Wirtschaftsprüfer und Unternehmensberater eng zusammen. Sie kommen in die Firmen und verschaffen sich einen Überblick, indem sie die Mitarbeiter befragen, auch nach Verbesserungsmaßnahmen. Am Ende schlagen sie vielleicht eine gewinnbringende Zusammenarbeit mit einem

Investmentfonds vor. Doch die Geldgier dieser Leute erzeugt gleichzeitig einen riesigen Einsparungsdruck im Unternehmen. Große Konzerne werden deshalb auch auseinandergerissen und die einzelnen Teile nacheinander verkauft. Natürlich alles im Interesse des Fonds.

Diese Fonds sind eine riesige Plage. Franz Müntefering, der ehemalige SPD-Parteivorsitzende, bezeichnete sie einmal als Heuschrecken. Ich nenne sie die Totengräber.

Interessanterweise gab es dieses System der Ausbeutung bereits vor 300 Jahren. In der niederländischen Stadt Middelburg. Dort ließen sich verschiedene Konzerne nieder, die Vereinigte Ostindische Compagnie (VOC) und die Westindische Compagnie (WIC). 1720 wurde hier außerdem die „Middelburg Commercie Compagnie (MCC)" gegründet. Sie alle brachten der Stadt und der „Kammer von Zeeland" einen gewaltigen wirtschaftlichen Aufschwung.

Diese Konzerne sorgten für neue Arbeitskräfte in Nord- und Südamerika. Sie verschifften Sklaven und segelten damit von Afrika nach Amerika. Dort wurden die Sklaven verkauft und die Segelschiffe stattdessen mit Waren wie Tabak, Rum oder Zuckerrohr beladen. Das waren die Produkte, die man auf den Sklaven-Plantagen herstellte und dann nach Europa brachte, wo sie heiß begehrt waren. Vor allem das Zuckerrohr wurde in den Häfen sofort gelöscht. Danach segelten die Schiffe wieder zurück nach Afrika – und das Ganze begann von vorne. Eine sogenannte Dreiecksgeschichte. Was für eine wunderbare Idee, um Geld zu verdienen – herrlich! Und an den Händen der Investoren klebte noch nicht einmal Blut, denn sie gaben ja nur ihr Geld für dieses Geschäft.

Die Investoren kamen aus vielen Ländern, vor allem die Königshäuser aus Schweden, Dänemark und Brandenburg beteiligten sich gerne. Und kein einziger Sklave war jemals in Europa und erst recht nicht in Middelburg. Nein, nein, mit den Gräueltaten hatte man wirklich nichts zu tun. Ein lupenreines Geschäft. Ein ganz sauberes Investment.

Heute gibt es keinen so direkten Sklavenhandel mehr, aber das System der Geldgeber, der gierigen, geldgeilen Investoren ist uns leider geblieben. Und es ist noch schlimmer geworden: Beim Aktienhandel an der Börse kann kein Mensch vorhersagen, wie sich ein Kurs in der Zukunft entwickeln wird. Dies ist wie der Blick in eine Glaskugel. Oder wir beide könnten irgendetwas daher spinnen – irgendeine abstruse Zukunftsentwicklung.

Zudem wird mit dem Handel an der Börse nichts, gar nichts produziert. Es wird auch nichts erarbeitet, es wird nichts gebaut oder verschönert, sondern es geht ausschließlich um Geldvermehrung mittels wilder, teils unbegründeter Spekulation. Es wird gezockt und gewettet, was das Zeug hält. Das Karussell dreht sich – teilweise Tag und Nacht, denn manchmal laufen die Wetten, also der Handel von Aktien nur per Computer ab. Blitzschnelle Geschäfte, Millionen, ja Milliarden werden in Sekunden, Minuten ausgegeben und eingenommen. Kein Mensch kann das kontrollieren! Die Gewinner dieses Systems sind allein die Geldgeber, die teilweise schon sehr, sehr viel Geld besitzen und die ihr Vermögen dadurch noch vermehren, vielleicht sogar verdoppeln wollen.

Manchmal frage ich mich, warum in den Nachrichten überhaupt die tägliche DAX-Entwicklung analysiert wird. Wofür? Interessiert Dich das?

Die Entwicklung an den Börsen hat sich in den letzten Jahren noch weiter dramatisiert. Die Abzocke der Kapital-Fonds, die die betroffenen Firmen nur aussaugen wollen, ist immer schlimmer und dreister geworden. Ich kann Dir unzählige Beispiele erzählen: Das neuste Vergehen ereignete sich im beschaulichen Ort Plettenberg in Nordrhein-Westfalen, wo es den Auto-Zulieferer-Betrieb DURA gibt. Unzählige Male berichtete der WDR in diversen Sendungen darüber, so auch im April 2016. Diese Firma haben Investoren aus den USA übernommen. Seitdem wird sie stetig „verschlankt" – nur noch die nackten Zahlen stehen im Vordergrund. Der echte „Kracher" kam dann Ende November 2015, als den Mitarbeitern kurz vor Weihnachten mitgeteilt wurde, dass weitere 900 Mitarbeiter entlassen werden sollten. Begründet wurden die Entlassungen mit der schwierigen wirtschaftlichen Lage von DURA, die es angeblich notwendig mache, die Produktion ins Ausland zu verlagern. Für das Sauerland, das vor allem forst- und landwirtschaftliche Betriebe hat, ist eine Firma wie DURA einer der größten Arbeitgeber in der Region. Wohlgemerkt – bisher.

„Eine schwierige wirtschaftliche Lage" – diese Aussage ist eine Frechheit: denn in Wirklichkeit gab es so viele Aufträge, dass auch am Samstag hätte gearbeitet werden müssen. Allerdings wollte der Betriebsrat keine Überstunden und Wochenend-schichten zulassen, solange man dieses asoziale Verhalten beibehalten hätte. Und vor allem, solange es keinen offiziellen, abgestimmten Sozialplan für die Belegschaft gab. In Wahrheit ging es also nur um eines: Man wollte den Betriebsrat mundtot machen und der Belegschaft auf keinen Fall entgegenkommen. Am Ende wurden kurzerhand rund 280 Portugiesen eingeflogen, die die Mehr-Arbeit verrichteten. Gegen diese Ungerechtigkeit zog man vor Gericht, doch die Richter entschieden zugunsten der Arbeitgeber und der Politik der Fonds.

Ich frage Dich jetzt: Wenn doch genügend Aufträge vorhanden sind, warum will man Personal entlassen?

Du willst noch ein anderes Beispiel hören? Das ZDF berichtete in der Sendung „Frontal 21" im Oktober 2016 über den XXXL-Möbelhaus-Konzern. Meine Reaktion nach dem Beitrag war: Hilflosigkeit!

Dieses XXXL-Möbelhaus aus Österreich kauft in ganz Deutschland diverse kleinere Möbelhäuser auf, um sie dann auszuschlachten. Ob in Oberhausen,

Mannheim, Aachen, Lüdenscheid, Iserlohn oder München – die Vorgehensweise ist immer die Gleiche: Nach dem Kauf eines eingesessenen Möbelhauses werden neue Gesellschaften gegründet. Sie dienen einerseits dazu, Vermögensgegenstände wie Immobilien zu sichern. Aber vor allem wird die bisherige Belegschaft in eine neue Organisationseinheit abgeschoben, denn dann können neue Arbeitsverträge geschrieben werden. Die Betriebszugehörigkeit wird neu berechnet. Es gibt neue Regelungen für den Umgang mit den Mitarbeitern – und diese sind immer zum Nachteil des Personals. Laut Betriebsrat ist das schlimmste Vergehen, dass Listen angefertigt werden müssen, in denen jene Mitarbeiter aufgeführt werden, die einem besonderen Kündigungsschutz unterliegen. Also beispielsweise Betriebsräte und vor allem Schwerbehinderte. Von diesen wollte man sich nämlich auf jeden Fall trennen.

Weißt Du, ich frage mich immer wieder: Würdest Du diesem unsozialen Verhalten zustimmen? Und für was würde sich die Bevölkerung entscheiden, wenn es zu einer bundesweiten Abstimmung käme?

Das gleiche Spiel lief bei der Tragödie von Kaiser's Tengelmann ab und genauso konntest Du es bei Karstadt oder Thyssen-Krupp oder Opel oder beim Baukonzern Holzmann beobachten. Bei der Holzmann-Pleite hatte sich sogar der damalige Bundeskanzler Gerhard Schröder eingeschaltet. Mit „Gerhard, Gerhard"-Rufen feierten ihn die betroffenen Mitarbeiter, doch geblieben sind nur wärmende

Worte, die von der Realität längst überholt worden sind. Die Realität war nämlich die, dass fast 11.000 Mitarbeiter auf der Straßen standen. So konnten wir es damals in allen großen Tageszeitungen und Magazinen lesen. Dank der geschickten Verhandlungen des Insolvenzverwalters haben wohl einige wieder eine Stelle gefunden, doch für die meisten war die Katastrophe erst einmal da. Trotz der Gerhard-Schröder-One-Man-Show!

Das Verfahren ist immer das Gleiche: Das komplette Management versagt auf Kosten der Damen und Herren, die die eigentliche Arbeit machen und bisher das Geld für alle erarbeitet haben. Die Mitarbeiter müssen dann aber alleine die Suppe auslöffeln – immer. Das Management geht mit großzügigen Abfindungen in den wohlverdienten Ruhestand, ein paar Milliönchen Euro oder Schweizer Franken müssen es schon sein. Das schuftende Volk steht währenddessen auf der Straße und lebt von Arbeitslosenunterstützung oder Hartz IV.

Eins verstehe ich dabei nicht: Wie können Gerichte – auf allen Ebenen – sich gegen die arbeitenden Menschen entscheiden? Der gesunde Menschenverstand müsste den Herren Richter doch etwas Anderes sagen. Nehmen wir zum Beispiel den Fall Kaiser's Tengelmann. Meiner Meinung nach hatte die Entscheidung des Oberlandesgerichts in Düsseldorf nichts mit Gerechtigkeit zu tun. Denn die Richter stellten bloß fest, dass das Bundeswirtschaftsministerium Verfahrensfehler begangen hatte, und somit war die Entscheidung der Kartellbehörde, die Fusion abzulehnen, wieder rechtens. Da müssen wir doch sofort an den Satz von Kurt Tucholsky denken: „Es gibt nicht bloß die Gerechtigkeit, sondern auch die Justiz."

Weißt Du, dies sind jetzt nur einige, wenige Beispiele, quasi als Metaphern, für das unwürdige Gebaren einiger Alpha-Tiere (siehe Kapitel 2 Parteien). Für Leute, die Menschen wie Du und ich verachten. Es bleibt aber trotzdem die Frage: Wie kann dies alles erlaubt sein? Wie können die Verantwortlichen in Politik und Justiz das einfach so zulassen? Verstehst Du das? Wo ist hier die Menschenwürde geblieben?

Ich könnte auch fragen: Wo sind sie geblieben, die ehrbaren Kaufleute? Die ehrwürdigen Handwerker, die verantwortungsvollen Unternehmer, Vorstandsmitglieder, Aufsichtsräte, Spitzenverdiener? Es gab sie doch einst, jene, die sich mit ihren Konzernen, ihrer sozialen Rolle identifizierten. Die ein großes Ziel hatten: dass auch in 20 oder 50 oder 70 Jahren dieses Unternehmen noch existieren sollte. Wo ist das Ehrbare?

Was bedeutet also „Made in Germany" noch? In früheren Zeiten stand es einmal für exzellente, ausgezeichnete, hochwertige Arbeit: sehr gute Qualität des Produkts einerseits und eine sozialverträgliche Herstellung (fest angestellte Mitarbeiter in einem humanen Arbeitsumfeld mit einem vertretbaren Gehalt, genügenden Urlaubstagen, freien Feiertagen und Wochenenden) bei einer geringen Umweltbelastung andererseits.

Und heute: alles vorbei! Irgendwo auf unserem Planeten werden die meisten Teile des Endprodukts vorgefertigt, wie zum Beispiel in der Automobilbranche. Und dann geht es nur noch um das Zusammenbauen. Das ist das Einzige, was in Deutschland geschieht. Zack, fertig! – und schon gibt es das besondere Siegel „Made in Germany". Ein Siegel, welches der Staat noch nicht einmal geschützt hat. Wahnsinn! Oder auch schwachsinnig. Wofür benötige ich dann so ein besonderes Prädikatssiegel? Findest Du das richtig?

Wenn wir ehrlich sind, müssen wir uns eingestehen, dass der Beginn nach dem Ende des Zweiten Weltkrieges sehr vielversprechend war. Sehr glücklich, zufriedenstellend und einsichtig. Da verabschiedete sogar die nordrhein-westfälische CDU im Februar 1947 das Ahlener Programm, ein Wirtschafts- und Sozialprogramm. Darin heißt es:

„Das kapitalistische Wirtschaftssystem ist den staatlichen und sozialen Lebensinteressen des deutschen Volkes nicht gerecht geworden. Nach dem furchtbaren politischen, wirtschaftlichen und sozialen Zusammenbruch als Folge einer verbrecherischen Machtpolitik kann nur eine Neuordnung von Grund aus erfolgen.

Inhalt und Ziel dieser sozialen und wirtschaftlichen Neuordnung kann **nicht mehr das kapitalistische**

Gewinn- und Machtstreben, sondern nur das Wohlergehen unseres Volkes sein. Durch eine gemeinschaftliche Ordnung soll das deutsche Volk eine Wirtschafts- und Sozialverfassung erhalten, die dem Recht und der Würde des Menschen entspricht, dem geistigen und materiellen Aufbau unseres Volkes dient und den inneren und äußeren Frieden sichert."

Was für wunderbare Worte! Und auch die SPD kämpfte damals für soziale Gerechtigkeit, für die einfachen Menschen, für die Arbeiter und Angestellten.

Mit vielen Sozialethikern und Wirtschaftswissenschaftlern erschuf man eine neue wirtschaftswissenschaftliche Lehre: die Soziale Marktwirtschaft. Maßhalten und Wohlstand für alle, wie der damalige Bundeswirtschaftsminister Ludwig Erhard immer wieder betonte. Worte wie „Arbeitssicherheit" und „Arbeitsmoral" wurden nicht nur so dahergeplappert, sondern sie wurden gelebt. Es gab ein Miteinander. Ja, in einigen Betrieben und Konzernen wurde sogar das Image einer „Firmen-Familie" propagiert. Diese ausgeprägte menschliche Komponente in der Arbeitswelt war unter anderem die Grundlage für das deutsche Wirtschaftswunder nach dem Zweiten Weltkrieg.

Wir beide wollen jedoch auch nicht vergessen, dass es Unternehmer oder Selbstständige nicht immer leicht haben und hatten. Besonders in unserer heutigen Zeit bekommen sie immer wieder riesige

Steine in den Weg gelegt. Ursprünglich werden Menschen ja Unternehmer, weil sie selbstständig „etwas auf die Beine stellen wollen". Doch allein schon die Gründung einer Firma ist eine Welt für sich, denn ich muss ja nicht nur eine Finanzplanung und eine Marktanalyse erstellen: Wie sieht die Konkurrenz aus? Was kann ich besser machen als andere Firmen? Wo finde ich meine Marktlücke? Wie kann ich meine Geschäftsidee schützen? Nein, es kommen noch die bürokratischen Hürden hinzu und die haben es in sich.

Alles beginnt mit einer Vielzahl von Anmeldungen. Besonders ärgerlich ist die Zwangsmitgliedschaft, die mir diktiert wird: Als Handwerker muss ich Mitglied einer Handwerkskammer werden. In allen anderen Fällen muss ich mich bei der Industrie- und Handelskammer (IHK) anmelden. Warum? Damit diese Organisationen auch ihre Berechtigung haben und weitere finanzielle Einnahmen erhalten. Wir beide sollten uns hier schon fragen: Wie konnte es nur zu so einer gesetzlichen Regelung kommen und ist sie heute noch zeitgemäß und sinnvoll? Besser wäre es, alle betroffenen Firmen zu fragen, was sie von dieser Zwangsmitgliedschaft halten.

Nur die Freiberufler sind von dieser Zwangsregelung ausgenommen. Damit sind die sogenannten Katalogberufe gemeint, angeordnet in vier Berufsgruppen: Heilberufe; Rechts-, Steuer- und Wirtschaftsberater; naturwissenschaftliche und technische Berufe sowie Berufe im Kulturbereich. Hier stellt sich mir sofort die Frage: Warum werden diese Ausnahmen gemacht – zumal, wenn sie angestellte Mitarbeiter haben (wie Arztpraxen oder Rechtsanwaltskanzleien)?

Eine weitere wichtige Entscheidung betrifft die Wahl der Geschäftsform, weil davon die Besteuerung abhängt. Und dann folgt die Anmeldung, denn bei der Gründung eines Unternehmens oder zu Beginn der Selbstständigkeit musst Du bei einigen Behörden und Institutionen vorbeischauen. Die wichtigsten Stellen sind das Gewerbeamt, das Finanzamt, die oben bereits genannte IHK oder Handwerkskammer, das Handelsregister und teilweise auch die Berufsgenossenschaft. Wenn Du dann noch Mitarbeiter beschäftigst, steht auch noch die Bundesagentur für Arbeit auf Deinem Laufzettel. Und natürlich zahlst Du überall Gebühren, Beiträge und Steuern. Hinzu kommen womöglich noch Versicherungen. Und glaube mir: Für jede Anmeldung und jeden Vertrag gibt es wieder eigene Formulare, Vorschriften, Gesetze, Anordnungen, die berücksichtigt werden müssen!

So müssen wir uns weiter die Fragen stellen: Ist dies alles wirklich erforderlich? Oder hat sich hier die Bürokratie längst verselbständigt? Wir sollten darüber reden, wir alle, Du und ich, die ganze Gesellschaft. Und dann sollten wir alle über ein neues Verfahren abstimmen, um den ganzen Prozess zu vereinfachen.

Weißt Du, ganz ehrlich, ich bin für jeden Selbstständigen dankbar. Es ist kaum zu glauben, dass es überhaupt Menschen gibt, die dazu bereit sind, sich mit diesem ganzen „Mist" zu befassen. Das gilt gerade für die kleineren und teilweise auch mittleren Betriebe, die noch dazu in einem undurchsichtigen, chaotischen Steuerdschungel ausgebeutet und abgezockt werden. Trotz alledem gibt es noch die Vorbilder und Helden in unserer sozialen Marktwirtschaft!

Besonders muss ich hier mein Lieblingsblumengeschäft erwähnen. Eine junge Dame hatte den Mut und die Kraft, sich durch diesen „Dornenweg", diesen Dschungel des Bürokratismus, gezeugt von der Administration und der politischen Klasse, zu kämpfen. Und dennoch strahlt sie eine Begeisterung, eine wahre Liebe zu ihren Blumen und besonders gegenüber ihren Mitmenschen aus. Neulich wurde ich Zeuge dieser Hingabe: Ein älterer Herr betrat das Geschäft. Interessiert fragte sie ihn, wie es seiner kranken Frau gehe. Er berichtete über ihr derzeitiges Leid. Sie hörte mit Tränen in den Augen zu und schaffte es dann, ihn zu ermutigen, ihm Kraft zu geben. Du denkst jetzt vielleicht, als Geschäftsinhaberin war das ein sinnvolles Engagement, wenn sie den Kunden halten möchte. Mag sein. Aber sie geht nicht nur mit ihren Kunden so um, sondern auch mit ihren Angestellten. Nebenbei kümmert sie sich auch noch um ihren kranken Vater. Und vergesse bei all dieser Hingabe nicht: Sie muss sich darüber hinaus zusätzlich um die ganze Bürokratie kümmern. Zeit, die sie besser in die Menschen oder Blumen investieren könnte!

Ein anderes Beispiel für die wahren Helden unserer Wirtschaft – die Felsen in unserem Vorschriften-Wahnsinn – sind unsere Handwerker. Ein Dach-deckermeister, der neun Mitarbeiter hatte, beklagte sich einmal bei mir, dass er eine junge Frau aus-bilden wollte. Die Interessentin hatte bereits erfolg-reich ein Praktikum bei ihm absolviert. Doch dann kapitulierte er vor den Behörden. Der Grund war sehr trivial: Wenn er eine Frau beschäftigen wolle, müsse sie einen eigenen Umkleideraum, eine eigene Dusche und ein eigenes WC haben. Die Umbau-arbeiten hätten ca. 20.000 Euro betragen. Dabei war die zukünftige „Azubine" sogar bereit, sich mit ihren Kollegen über die Nutzung der Dusche abzustimmen. Doch unsere Bürokratie sah das ganz anders: entweder Neubau der Duschen und Umkleidekabinen oder keine weibliche Mitarbeiterin. Ein Hoch auf unsere Bürokratie! Das ist so ein Blödsinn, so ein „Bullshit"! Die das entschieden haben, sind völlig verstrahlt. Dabei hätte die junge Frau so gerne diesen Ausbildungsvertrag im Zeitalter der Emanzi-pation unterschrieben, aber leider wird sie von den Behörden diskriminiert. Du und ich, wir hätten bestimmt nicht so entschieden!

Auf der Internetseite des Bundesjustizministeriums gibt es für Selbständige, die eine Firma beziehungs-weise ein Gewerbe betreiben, eine lange Liste kaum verständlicher gesetzlicher Regelungen – über 160 (einhundertsechzig!) Paragraphen. Mit jeweiligen Unter- und Unter-unter-Paragraphen. Diese Regelungswut beeinträchtigt zuweilen auch die Beziehung zwischen dem Händler und seinem Kunde. Mein Beispiel dazu führt uns auf unsere Wochenmärkte. Spürst du diese wunderbare Atmosphäre, diesen besonderen Flair? Herrlich! Doch auch hier quälen unsere Behörden die Betreiber der Marktstände mit unvorstellbaren Vorschriften und vermiesen den Marktbesuchern die Laune. Besonders interessant ist der §67, weil hier die Vorschriften für einen Wochenmarkt genau beschrieben werden. Allerdings auf „Fachchinesisch". Oder kennst Du etwa das Wort „feilgeboten"? (Ich musste erst einmal im Internet nachschauen. Es bedeutet: zum Verkauf anbieten.) Warum benutzen die Verantwortlichen nicht allgemein bekannte Wörter, die Du und ich, wir alle kennen? So könnten sie einfach schreiben: Waren werden zum Verkauf angeboten. Anscheinend besitzen die Damen und Herren jedoch leider nicht unseren gesunden Menschenverstand. Aber übergehen wir das Fachchinesisch und schauen auf den Inhalt der Vorschriften. Neulich hat mich mein Marktverkäufer darauf hingewiesen, dass ich das angebotene Obst und Gemüse nicht mehr mit meinen Händen prüfen darf. VERBOTEN! Die Hygienevorschrift lautet: „Das Anfassen von Lebensmitteln durch Marktbesucher darf nicht gestattet werden."

Warum? Gerade dies zeichnet doch einen Wochenmarkt aus: Ich kann die Ware begutachten und auch mit der Hand prüfen. Was soll dann so eine Vorschrift? Wir beide wären bestimmt nicht auf so eine hirnrissige Entscheidung gekommen! Und auch mein Händler schüttelte nur hilflos den Kopf. Bei einer so unsinnigen Situation machen die Behörden einen solchen Aufstand und stören das Verhältnis von Händler und Kunde. Doch an anderer Stelle vernachlässigen sie grob ihre Aufsichtspflicht. Erinnere Dich bloß an die mangelhafte Prüfung unseres Fleisches (siehe Kapitel 4.1. Ernährung). Verstehst Du das?

Und noch eine wichtige Gruppe von Personen trifft diese staatlich verordnete Regelungswut manchmal sehr hart: die Menschen, die sich ehrenamtlich für andere Menschen, Tiere oder für ein Denkmal einsetzen. Lass Dir ein Beispiel erzählen. Durch Zufall konnte ich im Borkum Magazin 3/2014 lesen: Da gibt es den Leuchtturm auf Borkum, der wegen einer angeblich fehlenden Nutzungsgenehmigung bezüglich der Brandschutzbestimmung keinen Versicherungsschutz mehr hat. Er darf nun nicht mehr betreten werden. Hallo, ticken die da noch ganz richtig? Was soll so etwas? Jahrelang konnte jeder in den Turm und auf einmal, ganz plötzlich aus dem Nichts heraus, gibt es angeblich gravierende Mängel und außerdem fehle doch eine Nutzungsgenehmigung. Sorry, dann sollen sich doch die Verantwortlichen in den Behörden auf kommunaler und Landes-Ebene darum kümmern – und nicht ausschließlich ein Verein von Ehrenamtlichen, die dieses historische Zeugnis pflegt. Aber nein, Zuschließen ist ja das einfachste. Fertig!

Das ist also die Realität unserer Arbeitswelt in unserem Deutschland. Da frage ich mich immer wieder: Wie konnte es nur zu so einer menschenunwürdigen, asozialen Arbeitsmarktpolitik kommen? Ich muss Dir leider offen gestehen: Ich weiß es nicht! Aber nach vielen Gesprächen, die ich mit betroffenen Mitmenschen geführt habe, scheint es ein leise schleichender, kontinuierlicher Prozess gewesen zu sein.

Vielleicht begann alles so um das Jahr 1980, denn spätestens in diesem Jahrzehnt änderte sich alles zum Nachteil der normal denkenden Menschen. Die englische Premierministerin Margaret Thatcher preschte mit einer Privatisierungswelle in Großbritannien nach vorne. Nun, vielleicht war dies im Königreich sogar angebracht, weil es unzählige staatliche Eisen- und Stahlunternehmen gab. Doch das Schlimme war, dass fast alle westeuropäischen Länder damals nachzogen.

Parallel dazu wurden immer weniger Waren auf Vorrat gelagert, sondern vielmehr gleich zum Kunden geschickt. Gerade die Automobilkonzerne versuchten so, die Kosten für die Lagerhaltung zu senken. Dafür boomte das Geschäft für die Spediteure, denn es kam zu einer Verlagerung auf die Straße. An die explodierende Umweltverschmutzung und Lärmbelastung dachte niemand der Verantwortlichen. Dies war egal. Meiner Meinung nach haben wir durch diese Politik nicht etwa mehr Arbeitsplätze bekommen, sondern nur viel mehr

Probleme. Und weder Du noch ich wurden jemals dazu gefragt!

Eine ebenso wichtige Rolle bei der Veränderung der Arbeitswelt spielte die extrem schnell zunehmende Globalisierung: globale Märkte und Global Player – eine extreme internationale Verzahnung. Schon allein durch die diversen Kommunikationsmöglichkeiten gibt es heute ungeahnte Möglichkeiten der Vernetzung, die fast immer zu Lasten der Menschen gehen. Denke nur an die ständige Erreichbarkeit oder an die Sucht, im Internet zu surfen.

Und dennoch gilt bei einigen Verantwortlichen in Wirtschaft und Politik die Globalisierung immer noch als großer Fortschritt, eben als besonders „hip". Bis zum heutigen Tag. Deshalb wird dieser „Megatrend" immer weiter angeheizt. Du kannst das gut an den beiden riesigen Wirtschaftsabkommen CETA (Comprehensive Economic and Trade Agreement) und TTIP (Transatlantic Trade and Investment Partnership) beobachten. Glaubst Du etwa, dass diese Freihandelsabkommen positiv für uns, die Menschen in Deutschland, sind? Ich denke, dass es mehr Nachteile als Vorteile für Dich und mich gibt. Doch vor allem hätte man uns in die Entscheidungsfindung viel mehr einbinden müssen. Wir, die Betroffenen, hätten darüber abstimmen sollen.

Doch zurück zu den 80er-Jahren. Du kannst Dir vorstellen, dass auch in unserem Deutschland alles

Mögliche privatisiert wurde: Vom Energieversorger bis hin zu den kommunalen Stadtwerken, ebenso die Müllabfuhr, der öffentliche Nahverkehr und sogar die Abwasser-Kanalisation von einigen Städten. Lässig verkauft an ausländische Fonds. Auch aus unserem guten alten Staatseigentum, der Deutschen Post und der Deutschen Bundesbahn, wurden private Konzerne. Alles unbarmherzig privatisiert. Ohne Deine und meine Zustimmung, ohne eine Volksabstimmung. Am Ende versuchte man nur noch, das Personal in größtmöglicher Weise auszubeuten, um einen hohen Gewinn zu erzielen. Oder man entließ es. Diese „Arbeitspolitik" gilt für Teile der deutschen Wirtschaft, insbesondere aber für die deutsche Verwaltung.

Nehmen wir als Beispiel die Deutsche Post, die das gleiche Schicksal ereilte wie die Deutsche Bundesbahn (siehe Kapitel 4.2.): Im Jahr 1994 wurde sie nach und nach in die Deutsche Telekom AG, die Deutsche Postbank und die Deutsche Post AG zerstückelt. Die Grausamkeiten konnten beginnen. Knöpfen wir uns die Deutsche Post AG einmal besonders vor: Seit damals ist die Unzufriedenheit der Mitarbeiter nur gestiegen. Die Paket-Zusteller werden ausgesaugt, wie Zecken das Blut von ihrem Wirt trinken. Alle namhaften Online-Nachrichtendienste (z. B. faz.net, welt.de, focus.de oder zeit.de) haben in unzähligen Beiträgen darüber berichtet. Der Journalist Günter Wallraf arbeitete als Zusteller, um sich ein Bild von der Situation zu machen. Sein Fazit:

Die Ausbeutung in diesem Bereich ist unsäglich! Das gilt für die Deutsche Post AG, aber noch viel mehr für die anderen Paket-Zustellungsfirmen. Hier gibt es Firmen, die ihre Zusteller bei Sub-Unternehmen oder Sub-Sub-Unternehmen buchen, damit sie noch weniger Personalkosten haben. Ein Wahnsinn! Und die deutsche Bevölkerung, also Du und ich, durfte nie über die Privatisierung der Deutschen Bundespost abstimmen und erst recht nicht über diese unverantwortliche Liberalisierung des Arbeitsmarktes.

Selbiges gilt auch für diverse zweifelhafte arbeitsrechtliche Bestimmungen: Beispielsweise gab es früher eine sechsmonatige Probezeit, in der beide Seiten – Arbeitgeber und Arbeitnehmer – Zeit hatten, sich gegenseitig zu beschnuppern. Passten sie gut zusammen, folgte eine Festanstellung. Fertig! Doch Festanstellungen sind heutzutage ein „Auslaufmodell". Dafür gibt es heute Leiharbeit, Werkverträge und massenweise befristete Arbeitsverträge, alles für zeitlich begrenzte Arbeitssklaven. Vor allem geldgierige Konzerne freuen sich über diese Ausbeutung und nutzen sie gerne. Und glaub mir: Alles ist von staatlicher Seite erlaubt und gewollt.

Unter uns gesagt: Für mich müsste dies alles verboten werden! Es ist ein unwürdiges Ausbeuten des arbeitenden Personals. Oder findest Du, dies ist in Ordnung? Vermutlich gibt es auch gute Argumente für die andere Sichtweise, dennoch ist die Verrohung der Arbeitswelt untragbar und wir haben sie zugelassen. Überall müssen die Angestellten gegen zu geringe Gehälter kämpfen. Lohndumping war früher eine Ausnahme – heute ist es ganz alltäglich, ja völlig normal. Einige Firmen existieren sogar nur deshalb, weil sie ausschließlich Praktikanten beschäftigen. Und wenn es geht, wird alles aus den Konzernen „outgesourct". Outsourcing bedeutet Auslagerung von Unternehmensaufgaben an andere Firmen, um Personalkosten zu sparen. Die outgesourcten Mitarbeiter erhalten in der Regel neue Arbeitsverträge und wesentlich weniger Lohn. Ist dies etwa kein Ausbeuten?

Und es geht noch weiter: In unserem Deutschland wird sogar zugelassen, dass unzählige Produktionsstätten ins Ausland verlagert werden. Nicht etwa aus Nächstenliebe, sondern aus Gewinn-Maximierung. In den meist armen Ländern verdienen die dort schuftenden Menschen teilweise nicht einmal 2 Euro am Tag! Dafür müssen sie bis zu zwölf Stunden arbeiten, auch am Samstag. Ich frage Dich: Warum dürfen wir über diese Grausamkeiten nicht abstimmen? Hat man Angst vor unserer Entscheidung?

Von der Ausbeutung und Verrohung in der Arbeitswelt sind teilweise auch sehr gut ausgebildete Personen betroffen, die ein abgeschlossenes Hochschulstudium haben, ja manchmal sogar promoviert sind – und dennoch haben sie alle keine Festanstellung erhalten. Mitunter versuchen diese Personen dann, sich selbstständig zu machen. Dafür müssen sie unsäglich hohe Krankenkassenbeiträge abführen, denn das Mindesteinkommen wird automatisch festgesetzt. Im Moment liegt die Mindesteinnahmegrenze bei 2.231,25 Euro monatlich (Stand: Januar 2017): Die gesetzliche Krankenkasse geht also davon aus, dass Du mindestens Gewinne in dieser Höhe hast – egal, ob das der Wirklichkeit entspricht oder nicht. Deshalb mutet man den betroffenen Personen auch zu, ungefähr 400 Euro für die Krankenkasse und Pflegeversicherung zu bezahlen (der Beitrag variiert leicht von Krankenkasse zu Krankenkasse). Doch längst nicht alle erreichen dieses Mindesteinkommen, viele liegen weit darunter mit ihren Einkünften!

Die spinnen doch, die Politiker!

Ich fragte oben: Wo sind die ehrbaren Kaufleute geblieben? Jetzt frage ich Dich: Wo sind die ehrbaren Damen und Herren in der Politik geblieben? Viel zu oft entscheiden diese Damen und Herren leider ohne Verstand – und vor allem ohne Herz. Ohne den Menschen, ohne uns, zu sehen. Genau wie in der sogenannten „freien Wirtschaft". Ich erzähle Dir ein kleines, komisches Beispiel:

Grundsätzlich behaupten alle Politiker, dass Bildung das wichtigste sei, um später einen guten Job zu bekommen. Wissen sei Macht! Richtig, aber wieso stellen sie dann so viele Lehrer (und andere Akademiker) nur befristet ein. Früher sagte man: „Lern etwas, dann hast Du sehr gute Chancen am Arbeitsmarkt." Akademiker werden immer angestellt, so hieß es. Doch die Realität sieht ganz anders aus. Ob auf Bundes-, Landes- oder kommunaler Ebene, das Muster ist immer dasselbe – überall gibt es nur ganz selten Festanstellungen. So auch im Schuldienst: Ausgebildete Lehrer erhalten nach ihrem zweiten Staatsexamen oft nur eine Anstellung für neun oder zehn Monate. Dann sind Sommerferien – und sie werden entlassen. Das spart nämlich Geld. Aber im neuen Schuljahr, nach den großen Ferien, werden sie wieder neu angestellt, natürlich befristet. Was für eine Erniedrigung für diese armen Menschen?

Da konnten wir Ende Juni 2016 im SWR-Fernsehen erfahren, dass in diesem Jahr allein in Baden-Württemberg am Ende des Schuljahres 3.879(!) Arbeitsverträge von befristet eingestellten Lehrern ausliefen. Sobald das neue Schuljahr begann, wurden dann fast alle wieder eingestellt. Natürlich nur befristet. Man muss ja sparen. Was für eine Frechheit!

Diese Vorgehensweise ist flächendeckend, in fast allen Bundesländern werden junge Lehrer so behandelt. Wie demütigend für diese motivierten Pädagogen! Kannst Du diese Ausbeutung der Lehrer nachvollziehen? Handeln die Politiker und Verwaltungsministerial-Fuzzis hier etwa korrekt? Ich kann dieses Gebaren nicht verstehen. Es ist unsäglich!

Und dann ist da noch das Problem der ungerechten Bezahlungen! Im Allgemeinen gilt, dass geistige Arbeit höher bezahlt wird als körperliche. Deshalb sind auch die meisten sozialen Berufe völlig unterbezahlt. Begründung: Ein Geschäftsführer oder Direktor kann auch die Arbeiten in der Poststelle erledigen. Aber jemand aus der Poststelle kann die Arbeiten des Chefs nicht erledigen – angeblich! Selbiges gilt dann leider auch für staatliche Krankenhäuser: Ein Verwaltungsdirektor kann die Arbeiten einer Krankenschwester durchführen, aber nicht umgekehrt. Ist das wirklich so? Wenn alle Krankenschwestern und Pfleger ihre Arbeit nicht mehr erledigen würden, bräche alles zusammen. Wenn aber ein Direktor drei Monate fehlte ... – würde dies auffallen?

Ich muss Dir ganz ehrlich sagen: Was für ein Versagen der politischen Klasse! Alle Parteien und natürlich auch die verantwortlichen Behörden (wie Ministerien, Bezirksregierungen etc.) und Organisationen wissen um den wahren Wert von Krankenschwestern und Pflegern für unsere Gesellschaft. Und trotzdem dulden sie diese Ungerechtigkeit! Was für ein böses, frevelhaftes Verhalten!

Ist es da ein Wunder, dass die gesundheitlichen Probleme von Arbeitnehmern immer mehr zunehmen? Ein dramatischer Anstieg an erkrankten Seelen (Burnout etc.), den es früher nicht gab! Damals war es auch noch eine ganz andere Arbeitswelt. Hart, vielleicht härter als heute – aber irgendwie doch gerechter. Heute kann ich die Arbeitspolitik nur als grausam bezeichnen. Weißt Du, ich könnte auch von einer „Verrohung der Arbeitswelt" sprechen.

Meiner Meinung nach sollten zum Beispiel folgende Beschäftigungsarten abgeschafft werden: Leiharbeiter, Werkverträge, Praktika, befristete Anstellungen usw. Entweder benötigt eine Firma Mitarbeiter oder nicht. Und wenn weitere Menschen erforderlich sind, dürfen diese nur unbefristet angestellt werden. Mit ordentlichen Verträgen und ordentlichen Gehältern. Eine Ausbeutung wie bisher darf es nicht mehr geben – zumal jede Firma eine Probezeit von sechs Monaten hat. Das sollte doch für eine Prüfung reichen. Und ein Praktikum kann für Schüler und Studenten ganz sinnvoll sein, aber es dürfte meiner Meinung nach nur maximal zwei Monate dauern, einmalig. Danach gäbe es auch hier eine Festanstellung. Fertig.

Es wäre die Aufgabe der Verantwortlichen in Administration und Politik gewesen, eine humanere Arbeitswelt zu gestalten. Eine Arbeitswelt, in der die Menschen gesund bleiben. Bist Du der Meinung, dass sie dies geschafft haben? Haben wir eine menschliche Arbeitswelt?

Wir, Du und ich, hätten uns anders entschieden! Wie konnten die Verantwortlichen in Verwaltung und Politik diesem Gebaren überhaupt so einfach zustimmen? Nach den Beispielen, die ich Dir erzählt habe, müssen wir davon ausgehen, dass die politische Klasse nicht in der Lage ist, die Situation zu ändern. Sie hat versagt! Vielleicht unbeabsichtigt. Vielleicht, weil die Angst vor den Lobbyisten oder der Wunsch nach einer Parteikarriere größer war. Doch sie hat versagt! Und sie weiß es.

Ich bin zutiefst davon überzeugt, dass Du und ich, wir als Volk, dies besser entscheiden würden. Wir hätten schon längst besser entschieden!

Wir sollten das Anliegen des Psychoanalytikers Erich Fromm umsetzen:

„Unsere Aufgabe ist es, eine gesunde Wirtschaft für gesunde Menschen zu schaffen."

Das sollte unser gemeinsames Ziel sein!

5. Lösung – so könnte es gehen!

Erinnerst Du Dich noch an die Präsidentschaftswahl in den USA im November 2016? Nun, mir geht es jetzt nicht darum, wer der bessere Kandidat gewesen wäre – ob Hillary Clinton oder Donald Trump. Mir geht es vielmehr um die Reaktionen auf das Ergebnis. Die Bevölkerung der USA hatte Donald Trump mit einer deutlichen Mehrheit zum neuen Präsidenten bestimmt. Doch wie reagierten die deutschen Spitzenpolitiker? Der Sieger Donald Trump wurde geschmäht und beleidigt. Somit wurden auch die 60 Millionen Amerikaner beleidigt, die Donald Trump gewählt hatten.

Ich frage Dich nun: Sind diese Amerikaner etwa ausnahmslos trottelig? Oder hat Donald Trump einfach nur den Nerv der Bevölkerung getroffen? Sollten wir deshalb das bisherige Gebaren der Politiker nicht als Aufforderung sehen, dass wir eine Veränderung, eine Verbesserung oder gar eine Reform benötigen – auch gerade bei uns in Deutschland?

In den USA wohnen die meisten Staatsbürger an der Ost- und Westküste. Sie bezeichnen die Bundesstaaten, die im Landesinneren liegen, als Flyover States. Das ist despektierlich und herabwürdigend. Vielleicht haben sich nun diese Staaten im Landesinneren gegen das politische Establishment an der

Ost- und Westküste gerächt, indem die Mehrheit hier Donald Trump gewählt hat.

Doch wenn wir genau hinsehen, dann gibt es Parallelen zwischen der Bundesrepublik Deutschland und den USA. Auch hier tut das politische Establishment so, als ob es allwissend sei. Ja, man verfüge über die allumfassende Kenntnis, um jedes Problem in Deutschland zu lösen. Es hat sich über die Jahre eine Art der Elite gebildet und nur diese weiß, was gut für Dich und mich ist. Zwar habe man für uns, da ganz unten, nicht für jedes Problem eine Lösung, doch eigentlich müsse man sich um uns auch nicht kümmern. Es ist ja nicht schick und modern, sich als Elite mit uns normalen Leuten zu befassen oder zumindest einmal mit uns zu reden – nicht nur über uns, wie üblich, sondern mit uns. Doch diese (partei-) politischen Eliten sind nicht in der Lage dazu, einen sozialen, humanen und sicheren Staat für uns zu schaffen. Man hat auch gar kein Interesse daran. Die allermeisten Politiker haben sich doch von der Bevölkerung, vor allem von uns, der großen Masse „der kleinen Frauen oder Männer" total entfremdet.

Der inhumanen Globalisierung, dem rücksichtslosen Großkapital und dem damit einhergehenden Untergang der Arbeiterklasse – allem hat man zugestimmt. Und es wurden weitere, unzählige Fehler gemacht, erinnere Dich nur an die chaotischen Zustände in unseren Verwaltungen. Überall nur Fehlentscheidungen! Darüber hinaus wurden unglaublich viele Absurditäten ins Leben gerufen, die sofort wieder gestorben sind – so dumm waren sie. Alles ist durcheinander, aber die Politiker wissen alles besser. Meinen, sie hätten die Wahrheit für sich gepachtet.

Mein Fazit: Unsere Verantwortlichen in Politik und Wirtschaft haben versagt! Obwohl sie fast 70 Jahre Zeit hatten, um einen guten Staat für uns alle zu bauen. Ist es dann verwunderlich, wenn wir uns für einen Aufbruch, eine friedliche Revolution entscheiden und uns dafür auch einsetzen?

Wie könnte eine akzeptable Lösung für Deutschland aussehen? Nun, alles liegt natürlich in unseren Händen, denn wir Deutschen haben ja der ganzen Welt gezeigt, dass wir eine friedliche Revolution umsetzen können, damals in den Jahren 1989 und 1990. Vor allem die Bevölkerung in der ehemaligen DDR führte den Sturz der SED-Diktatur herbei. Durch friedliche Montagsdemonstrationen. Der Wille zur Freiheit siegte über die Angst vor den Kalaschnikows. Hier können wir sehr stolz auf die vielen Menschen sein, die bei dieser gewaltfreien, humanen Revolution mitgemacht haben.

Vielleicht könnten wir diesen Weg noch einmal gehen. Die Freiheit hätten wir ja. Uns allen hat man diese Freiheit geschenkt und sie ist ein besonderes Privileg. Aber ist dieses Privileg nicht auch eine Verpflichtung? Ein Auftrag an uns, diese Freiheit viel stärker zu nutzen?

Nun, was würde das konkret für uns bedeuten? Als Erstes müssten wir alle gemeinsam über unser

Grundgesetz (GG) diskutieren. Meine Bedenken und Fragen hatte ich Dir bereits im Kapitel 3 beschrieben. Mir fehlt in unserem bisherigen GG zum Beispiel der Schutz der Kinder und Tiere und das Recht auf eine humane Arbeitswelt in Form einer wirklich sozialen Marktwirtschaft. Dies müsste meiner Meinung nach in unserer neuen, zukünftigen Verfassung verankert werden. Doch über all diese Themen müssten wir erst einmal reden und diskutieren. Am Ende dieser Diskussion sollten wir dann darüber abstimmen, ob wir das GG so behalten wollen oder ob wir Veränderungen vornehmen müssen. Ich bin hier der Meinung, dass wir unbedingt ein Verfahren festlegen müssen, mit dem das Volk über Gesetzesentwürfe entscheiden kann. In einem neuen Artikel des Grundgesetzes würden wir dieses Recht verankern, ja festzurren. Nur auf diese Weise, durch Volksabstimmungen, könnten wir nämlich unmittelbar und direkt Einfluss auf die Politik nehmen. Ein neuer deutscher Staat könnte dann auf diese Weise entstehen – mit einer direkten Demokratie. Verankert in einer neuen, praktikablen, verständlich geschriebenen Verfassung. Sehen wir also diese zukünftige, intensiv gelebte Freiheit auch als unsere Zusage an unseren Staat Deutschland an!

Doch verweilen wir einen Moment bei den Menschen in unserem Land, bei Dir und bei mir: Du bist ein einzigartiger Mensch. Es gibt Dich nur ein einziges Mal auf der Welt! Auch mich gibt es nur ein einziges Mal, auch ich bin ein Individuum. Wir alle sind besondere Persönlichkeiten, die die meisten Entscheidungen im Leben selbst treffen. Denn es geht uns viel besser, wenn wir alles selber entscheiden können. Wenn Du zum Beispiel entscheidest, wofür Du Dein schwer verdientes Geld ausgibst, machst Du Dir in der Regel viele Gedanken darüber, besonders wenn es um große Geldbeträge geht. Du hast Dich dann mit dieser Sache sehr intensiv befasst. Womöglich hast Du sehr lange mit Dir gerungen, bevor Du Deine Entscheidung getroffen hast. So hast Du eine ganz besondere Sachkenntnis in dieser Angelegenheit entwickelt, ganz still und leise. Du glaubst mir nicht?

Ein Beispiel: Nehmen wir einmal an, Du hast über Jahre für eine Weltreise gespart und alles detailliert organisiert, die Flüge, die Unterbringung, die Routen und vieles mehr. Und dann ist der Moment da und – glaube mir – Du wirst emotional tief berührt sein, denn Du hast zu Deiner Reise eine intensive Beziehung aufgebaut und Du bist ganz leise zu einer Fachfrau auf diesem Gebiet geworden.

Ich bin davon überzeugt, dass Du und ich, wir alle, bei gesellschaftspolitischen Entscheidungen genauso reagieren werden. Durch das „Selbermachen" werden wir eine viel intensivere und gesündere Beziehung zu unserem Staat aufbauen, als wir dies bisher erlebt haben, und wir werden uns leise zu Fachleuten entwickeln. Dies bestätigen auch Verhaltensforscher auf der ganzen Welt: Wir fühlen uns besser, wenn wir etwas selbst machen, und wir wachsen mit der

Aufgabe! Menschen entwickeln in dieser Situation automatisch eine besondere Zugehörigkeit.

Wenn Du Dir Deine Familie anschaust oder Deine Kollegen bei der Arbeit beobachtest, dann wirst Du feststellen, dass es immer ganz verschiedene Interessen und Ansichten gibt, weil wir alle ganz unterschiedlich sind. In den politischen Wissenschaften sprechen die Experten von einem sogenannten Pluralismus. Ein Begriff, der unsere Vielfalt beschreibt und gleichzeitig fordert, dass es in der Gesellschaft niemals nur ein Machtzentrum geben sollte. Unsere Aufgabe ist es vielmehr, eine gemeinsame Schnittmenge zu finden. Leider ist dies nicht das Ziel der Politik und/oder der Verwaltung, denen es in der Regel eben nicht um einen Kompromiss oder sogar eine gemeinsame Schnittmenge geht. Ihr Ziel ist es zu allererst, die eigenen Interessen umzusetzen, um ihre eigenen Machtpositionen auszubauen.

Vielleicht könnte sich dieses Prinzip des gemeinsamen Suchens nach einer Lösung auch auf unsere Zufriedenheit auswirken. Auf unsere Glücksgefühle. Ich frage Dich einmal direkt: Bist Du glücklich? Würdest Du sagen, ja, die Deutschen sind ein glückliches Volk? Wenn Du dies beides verneinen musst, dann frage Dich, warum wir unglücklich sind. Warum gelten die Deutschen als „Miesepeter", als griesgrämig, als muffelig?

Ich bin davon überzeugt, dass dies auch daran liegt, dass wir die wichtigen Entscheidungen in „unserem" Staat nicht selbst „in die Hand nehmen" dürfen. Es gibt zwar viele politische Abläufe, aber eben keine Selbstbestimmung. Denn eine konkrete Mitbestimmung ist untersagt, nicht gewünscht. Du und ich, wir sind bloß Untertanen. Als untertänige Frauen und Männer haben wir zu kuschen, niemals aufmucken. Immer brav Steuern und Abgaben zahlen. Gehorsam die diktierten Pflichten erfüllen. Aber niemals die Prozesse hinterfragen oder sie gar verändern und neu festlegen!

Wenn wir uns nur unterordnen sollen, wenn wir ausschließlich fremdbestimmt sind – ist es dann ein Wunder, dass wir darunter leiden? Und erinnere Dich: Ohne uns produzieren sie fast nur „Bockmist". Wie wir schon festgestellt haben, herrscht das Politik- und Verwaltungschaos in Deutschland und viele Mitmenschen leiden unter dieser Behördenhierarchie. Einige werden sogar krank, weil sie ständig gesundheitsschädlichem Stress ausgesetzt sind. Muss das denn wirklich sein?

Eine Lösung wäre doch so einfach! Du und ich bestimmen, was die Verwaltungen, die Behörden, die Ministerien in unserem Namen machen sollen. Das würde uns allen eine tiefe Zufriedenheit schenken. Und aus dieser Zufriedenheit (das Wort beinhaltet ja auch „Frieden") wird eine Bereitschaft erwachsen, sich mit unserem neuen System zu identifizieren. Denn Du und ich gestalten schließlich dieses, unser System, unsere Politik. Losgelöst von dem ganzen Parteien-Klüngel.

Weißt Du, wenn wir erst einmal diese direkte, gelebte Demokratie wirklich erfahren, dann werden wir nicht länger Miesepeters sein. Die Zeit des Herummotzens und Nörgelns wird vorbei sein, stattdessen erleben wir echte und wahrhaftige Glücksmomente. Diese direkte Demokratie wird aber nicht nur ein „Streben nach Glück" beinhalten, so wie Thomas Jefferson dies in der Verfassung der Vereinigten Staaten von Amerika niederschreiben ließ. Das Freiheitsrecht *Pursuit of Happiness*, dieses amerikanische Verfassungsziel, setzen wir dann alle gemeinsam und ganz konkret um. Durch unsere Meinungsäußerungen und Ansichten, die ganzen unterschiedlichen, pluralistischen Strömungen, die dann alle gehört und ausdiskutiert werden und über die abschließend in den Volksabstimmungen entschieden wird. Glaube mir: Das wird ein Spaß! Welche Freude, was für unbeschreibliche und großartige Momente erleben wir dann in unserem Deutschland. Unglaublich!

Durch diese direkte Demokratie wird eine intensivere, herzlichere Beziehung zwischen unserem Staat und seinen Staatsbürgern entstehen und damit verbunden auch zwischen unseren Mitmenschen. Endlich würden wir eine Regierung des Volkes erhalten und somit Regierende, die für das Volk da sind und das umsetzen, was das Volk – also Du und ich, wir alle – tatsächlich auch wollen. Nicht länger müssten wir das Machtdiktat der korrupten Eliten einschließlich der Lobbyisten ertragen!

Es muss eine klare Veränderung geben, denn das derzeitige Chaos ist unsäglich, zumal ja auch unser gespendetes Kapital durch die derzeitigen Politiker einfach verplempert wird. Wir brauchen ein Umdenken! Halten wir uns deshalb an den französischen Staatsdenker Jean-Jacques Rousseau und seinen *volonté générale*, denn damit ist der allgemeine Volkswille gemeint: Du bist das Volk, ich bin das Volk, wir alle sind das Volk!

Also, wie könnte das neue System aussehen:

Zuallererst brauchen wir eine Basis, eine Plattform, auf der wir uns alle frei und unbeobachtet bewegen können. Wie würdest Du über die Einrichtung eines eigenen Intranets für Deutschland denken? Es wäre ein Intranet nur für das Volk, für uns, mit einem Geheimcode als Zugang. EDV-Spezialisten und Datenschützer würden gemeinsam diesen PC-abgesicherten, besonders geschützten Freiraum erarbeiten. In unserem Forum könnten wir dann auf gravierende Veränderungen in Deutschland und der Welt sofort reagieren. Hier entstehen unsere Gedanken, hier werden wichtige Inhalte und Themen festgelegt, die wir diskutieren und über die wir schließlich abstimmen. Die Ergebnisse muss die Administration dann nur noch umsetzen. Die gesamten Zahlungen an die Mitglieder des bisherigen Bundestages fallen weg. Keine Ausgaben mehr für Sekretäre, Assistenten, sogenannte wissenschaftliche Fachkräfte, Diäten, Aufwandsentschädigungen und

Pauschalen, Fahrdienstbereitschaften, Gutscheine für Freifahrten bei der Deutschen Bahn AG etc. Dieses eingesparte Geld ließe sich viel besser einsetzen, glaub mir!

Auf dieser neuen Intranet-Plattform könnten wir zum Beispiel den zukünftigen Bundespräsidenten selber wählen. Erinnerst Du Dich noch an das ganze Hick-Hack um die Kandidatenauswahl für unser höchstes Staatsamt? Im November 2016 wurde dann schließlich der derzeitige Außenminister offiziell gekürt – unser künftiger Bundespräsident. Was für ein Theater! Was für eine Zeitverschwendung! Dieses ganze Auswahlverfahren, dieses Taktieren und Klüngeln war furchtbar. Welche Schädigung für das Ansehen des Amtes! Wäre eine Wahl des Volkes nicht viel sinnvoller?

Nehmen wir ein anderes Beispiel: Fassungslos musste ich im Fernsehen dieses Fußball-Diktat hinnehmen. Also, hier geht es nicht um das Spiel an und für sich, sondern um das Gebaren einiger Vereine in Hinsicht auf die Ausgabe von Essensgutscheinen innerhalb des Stadions. Da wird der Fan nach allen Regeln betrogen und getäuscht: In einigen Stadien darfst Du nämlich nicht mehr mit Deinem Geld bezahlen, sondern Du musst Dir eine Karte – eine sogenannte Bezahlkarte – besorgen. Die wird dann aufgeladen, damit Du nun Getränke und Speisen kaufen kannst. Einige Clubs sollen attraktive Geschäfte mit dieser Karte machen, weil viele Leute wegen des komplizierten Verfahrens darauf verzichten, sich ihr Restguthaben erstatten zu lassen. Da müssen wir uns doch fragen: Wer hat das zugelassen? Wie ist es möglich, dass es Räume in der Öffentlichkeit gibt, wo wir nicht mit unserem Bargeld bezahlen können? Wie denkst du darüber?

Spielen wir beide dieses Beispiel zusammen einmal durch: Du möchtest, dass in Deutschland eine Bargeld-Zahlung immer möglich ist. Ich schließe mich dieser Meinung an. Gemeinsam würden wir dann so vorgehen: In dem neu geschaffenen Intranet für Deutschland gibt es ein Forum, in dem unser Vorschlag allen wahlberechtigten Deutschen unterbreitet wird. Hier können wir Stimmen für unsere Idee sammeln, ca. 4 oder 5 Millionen Wahlberechtigte müssten uns zustimmen. Wenn wir dies schaffen, wird unser Thema in ein digitales Diskussionsforum weitergeschoben, das von Mitarbeitern der derzeitigen Verwaltung des Bundestages betreut wird. Dort könnten wir unsere Gedanken und Argumente zu den unterschiedlichen Themen gegenseitig schriftlich präsentieren. Mir kam die Bundestagsverwaltung in den Sinn, da wir ja den Bundestag in seiner bisherigen Form nicht mehr benötigen und deshalb auflösen würden. Die Beamten wären also frei und sie würden sich, wie bisher auch, neutral verhalten.

Danach diskutieren wir über diesen Vorschlag und suchen den richtigen Weg. Nach diesem intensiven Meinungsaustausch wird das Forum an einem bestimmten Stichtag geschlossen. Das neutrale Amt wertet die Meinungsbeiträge aus und fasst sie in drei oder vier Vorschlägen zusammen. Von jedem Vorschlag sollte es jeweils zwei Zusammenfassungen geben: eine prägnante und verständliche Kurzversion (maximal eine DIN-A4-Seite) und eine ausführlichere Version (maximal 50 DIN-A4-Seiten).

Diese Vorschläge werden dann an die zuständigen Ministerien und Bundesbehörden sowie an die entsprechenden Bundesgerichte (z. B. Bundesverfassungsgericht, Bundesgerichtshof etc.) weitergeleitet. Sie prüfen unsere Vorschläge und formulieren allgemein verständliche Umsetzungsmaßnahmen, mit denen diese realisiert werden können. Ferner errechnen sie, was uns die Vorschläge kosten würden. Auch hierfür sollte es einen Stichtag geben (z. B. 60 Arbeitstage, also ca. drei Monaten).

Kehren wir zu unserem Beispiel „Bargeldzahlung" zurück und nehmen wir einmal an, dass drei Vorschläge dabei herauskämen. Die Zusammenfassungen zu diesen Vorschlägen samt der erarbeiteten Umsetzungsmaßnahmen und der Kostenberechnungen könnten wir bis zum einem festgelegten Stichtag im Intranet Deutschland nachlesen. Du und ich, wir alle hätten bei diesem System genügend Zeit, uns mit den drei oder vier Vorschlägen und den Ausarbeitungen dazu eingehend zu befassen.

Und dann stimmen wir am 3. Oktober – unserem National-Feiertag – ab. Wenn weniger als zum Beispiel 60% oder 70% der Wahlberechtigten ihre Stimme abgeben, ist die Wahl ungültig. Bei wichtigen

Entscheidungen müssten mindestens 65% für oder gegen etwas stimmen. Wird diese Marke nicht erreicht, gäbe es kein neues Gesetz, keine neue Verordnung Nach der Wahl könnten die betroffenen Ministerien und Behörden sofort mit den Umsetzungsmaßnahmen beginnen.

Also, wir hätten einen kurze Planungsphase von ca. sechs Monaten und dann könnte unser Gesetzesentwurf, sofort (bei witterungsbedingten Bauvorhaben: sobald der Winter vorbei ist), realisiert werden. Fertig!

Wir könnten unsere Ideen aber nicht nur zu Gesetzen machen, sondern wir würden auch die Umsetzung kontrollieren. So könnten die Meinungsforschungsinstitute jeweils etwa 40 Personen aus ganz Deutschland auswählen, die die Bevölkerung repräsentieren (unterschiedliches Alter, Erfahrungen, Einkommen, Ausbildung etc.) Diese haben Zugang zu allen Daten und erarbeiten einen Prüfkatalog. Sie dürfen alle Vorgänge in den Ministerien, Bundesbehörden und Ämtern prüfen – auf allen Ebenen (kommunal, Landes- und Bundesebene und EU-Ebene). Am Ende des Jahres gibt es einen kurzen Kontrollbericht mit den Ergebnissen. Zusätzlich könnten wir den Bundesrechnungshof zur Kontrolle einschalten. Dort sitzen nämlich die Profis, die wissen, wie die Behörden „ticken". Sie können am besten beurteilen, ob die Administration unsere Entscheidungen auch tatsächlich umsetzt und ob unsere Ziele erreicht wurden. Auch der Bundesrechnungshof

sollte einen knappen, aber lesbaren Bericht ver-
öffentlichen, der dann für uns alle auf die Seite des
Intranets Deutschland gestellt wird und allgemein
zugänglich ist.

Unser besonderes Augenmerk müssen wir auf
unsere Ministerien richten. Frage Dich einmal: Wie
viel Ministerien benötigen wir überhaupt in Deutschland? Welche sind sinnvoll und welche dienen nur als
„Pöstchen-Beschaffungs-Institute"? Ich persönlich
behielte etwa sechs Ministerien – also auch nur
maximal sechs Minister und einen Bundeskanzler.
Ich würde auch empfehlen, dass es bei der Be-
werbung um eine dieser Stellen keinen klassischen
„Wahlkampf" mehr geben darf. Ich weiß nicht, wie es
Dir hier geht, aber ich finde diese Wahlschlachten
unsäglich! Es ist so widerwärtig und eine Ver-
schwendung von unseren Geldern. So ein Gebaren
beschädigt das Ansehen unserer Verfassungsorgane.
Wäre es nicht viel besser, wenn wir die Bewerber zur
Neutralität verpflichten würden? Sie versprechen
uns, dass sie auf keinen Veranstaltungen auftreten
und auf Wahlkampfschlachten und Werbung verzichten. Brechen Sie dieses Versprechen, so dis-
qualifizieren sie sich selbst und dürfen nicht mehr für
den Posten kandidieren. Es gäbe dann auch nur
noch eine Vorstellungsrunde bei der Bundespres-
sekonferenz. Dort hätten alle Journalisten zeitgleich
die Möglichkeit, alle Bewerber für das Amt zu
interviewen. Das war's! Selbiges würde auch für die
Bundesrichter und für den Bundespräsidenten gelten.

Wir sollten unser ganzes staatliches Personal (Bundespräsident, Bundeskanzler, Minister, Bundesrichter etc.) für maximal zehn Jahre wählen. Dann müssen sie ausgetauscht werden. Nun, was passiert, wenn die Amtszeit unserer Staatsdiener abgelaufen ist und sie nicht mehr im Staatsdienst sind? Dürfen diese Personen direkt in die freie Wirtschaft wechseln? Sollten sie nicht ausschließlich im Staatsdienst arbeiten, um sie besser kontrollieren zu können? Ich bin mir nicht ganz sicher, hierüber müssten wir dann alle ausführlich diskutieren. Wie denkst Du darüber?

Mit dem Intranet Deutschland bekämen wir, das Volk, endlich jene Entscheidungsgewalt, die uns in einer Demokratie zustehen sollte. Dies würde bedeuten, dass Du und ich bestimmen, was passieren soll. Natürlich wird die derzeitige Machtelite – Politiker, hohe Verwaltungsbeamte etc. – erheblichen Widerstand leisten. Auch in Deinem Umfeld wird es immer wieder Stimmen geben, die behaupten werden, dass diese und jene Personen gar nicht mitentscheiden dürfen sollten. Die seien doch gar nicht in der Lage dazu! Was für ein Trugschluss, was für eine Lüge! Die unfähigen Menschen sind seit Langem in diversen Parteien und im schlimmsten Fall für unser Land tätig. Sie machen Radau, verstecken sich hinter einer Partei-Ideologie oder stiften Verwirrung in unseren Ministerien und Ämtern. Nein, diese Menschen, von denen wir nicht wollen, dass sie zu viel entscheiden – sie sind schon da. Darüber hinaus darfst Du eines nie vergessen: Alle Neuerungen, Veränderungen und Reformen verliefen noch nie konfliktfrei! Natürlich würde dies ganz besonders für eine wahre Demokratie gelten, eine Volksherrschaft in unserem Deutschland.

Also sollten wir, Du und ich, uns in Acht vor den Reaktionen der sogenannten politischen Eliten nehmen. Sei drauf gefasst: Diese Leute werden schlecht über uns reden! Und sie werden uns mit Vorwürfen überhäufen – alles natürlich mit angeblich stichhaltigen Argumenten. Immer nach dem Motto: Das haben wir doch so noch nie gemacht! Das kann gar nicht klappen! Das wird schief gehen! Dann gibt es chaotische Zustände! Da können wir nur herzhaft lachen: Die chaotischen Zustände haben wir bereits. Überall! Wenn Du und ich etwas verbessern wollen, wenn wir das bisherige System erneuern wollen, wird die politische Elite mit allen möglichen Falschmeldungen kommen. Sie werden uns verleugnen. Immer und immer wieder. Ist Dir einmal aufgefallen, dass gerade Politiker ihre ideologischen Ansichten ständig wiederholen? Aber sie gehen nie auf Deine Argumente ein. Stattdessen: noch eine Wiederholung des Altbekannten. Doch wir durchschauen jetzt diesen Trick. Höre, was der Soziologe Rainer Paris dazu meint: In der Politik siegt nicht derjenige, der die besseren Argumente hat, sondern derjenige, der sich am besten gegen die anderen Argumente abschottet – und seinen Kram ständig wiederholt. Gegen so eine penetrante Wiederholung der eigenen

Behauptungen scheint kein Kraut gewachsen zu sein. Der Politiker tut auf diese Weise so, als ob er allein durch diese Masche immer Recht habe. Das Wiederholen seiner ideologischen Suppe kannst Du bei tausend Themen beobachten – ob bei Befürwortern oder Gegnern der Kernenergie, ob in Sachen genmanipulierte Lebensmittel, bei Steuersenkungen oder bei der gesetzlichen Rente.

Mit diesem Trick werden sie auch gegen uns ständig und ständig wettern. Sie werden versuchen, uns einzureden, dass unsere Verbesserungsvorschläge nur Hirngespinste sind. Sie werden uns fertig machen, denn diese Täter wollen von ihrer Macht nichts, gar nichts, an Dich und mich abgeben. Denke immer an meine Worte und lass Dich nicht in die Irre führen: Wir wollen, wir brauchen ein neues politisches System! Eine Erneuerung!

Dies sind meine Ideen, doch sie sind auf keinen Fall in Stein gemeißelt. Wir müssten über alles reden, alles überdenken. Vielleicht hast Du ganz andere Vorstellungen und Ideen? Oder Du möchtest meine Vorschläge ergänzen. Doch vorab will ich Dir gerne noch etwas erzählen, ein ganz wichtiges Thema für uns beide und uns alle:

Bist Du ein Fan von irgendeiner Person oder einem Verein? Ich habe diverse Fans in unterschiedlichen Bereichen erlebt und ich muss Dir sagen: Sie alle waren gegenüber Andersdenkenden sehr liberal und offen. Auch dann, wenn man nicht so fühlte wie sie.

Diese Toleranz sollte auch für unser zukünftiges Intranet Deutschland gelten: Kein Gedanke, keine Idee ist falsch und nichts ist von vornherein richtig. Alles ist möglich. Auf einer solchen Plattform hätten wir die Möglichkeit – ohne Beleidigungen –, ganz unterschiedliche Standpunkte und Ansichten kennenzulernen und zu überdenken. Den Andersdenkenden neu erleben! Das Wort Fan kommt zwar von dem Ausdruck Fanatismus. Und für mich ist Fanatismus sehr negativ besetzt. Somit gilt für mich: Jeglicher Fanatismus, jede Besessenheit ist schädlich. Fanatisch haben nur die bisherigen Verantwortlichen agiert. Das bisherige System. Die bisherigen Beton-Köpfe. Nein, Du und ich, wir beide werden eine neue Zeit anbrechen lassen, basierend auf Akzeptanz und Respekt vor dem Anderen, mithilfe einer wunderbaren, neuen Diskussionskultur. Ein fairer Austausch zwischen Dir und mir und uns allen. Dem ganzen Volk. Mit einer gelebten Volksherrschaft, ja, einer echten Demokratie.

Überlege einmal: Mit dieser Reform verändern wir unseren Staat hin zu einer demokratischen Mitbestimmung der Bevölkerung. Die Alternative dazu ist, dass wir alle weiterhin unter den Fehlentscheidungen und populistischen und einseitigen Äußerungen der Politiker leiden. Unser Staat, unser Deutschland, wird von einer korrupten, politischen Machtelite gesteuert. Dadurch wächst auch die Gefahr, dass Hetzkampagnen alltäglich werden und die Radikalität in der Bevölkerung zunimmt. Das Gegenmittel, unser

Heilmittel, liegt in der Mitbestimmung von uns allen. Wir, Du und ich und jeder wahlberechtigte Einwohner, sollten die Entscheidungen über Deutschland, unser Heimatland, selbst treffen. Denn nur auf diese Weise haben wir die Möglichkeit, in eine grundlegende, sachliche Diskussion einzusteigen. Die bisherigen politischen Verfahren, die auf Parteiideologien und Fanatismus basierten, wären endgültig Geschichte.

Unsere Politiker sagen uns immer, dass Deutschland ein freies Land sei. Ist dies ein Versprechen? Falls ja, lösen wir dieses Versprechen nun ein. Ein neuer, ein freiheitlicher Weg ist möglich und er wird durch Dich und mich bestimmt. Werden wir zu Revolutionären für ein humaneres Deutschland, ja werden wir zu Erneuerern für eine tatsächlich gelebte Menschlichkeit in unserem Land!

"Politisch sein bedeutet, auf schwindelerregende Weise frei zu sein", so sagte einmal der amerikanische Philosoph und Intellektuelle Benjamin Barber.

Wir sollten alle frei werden!

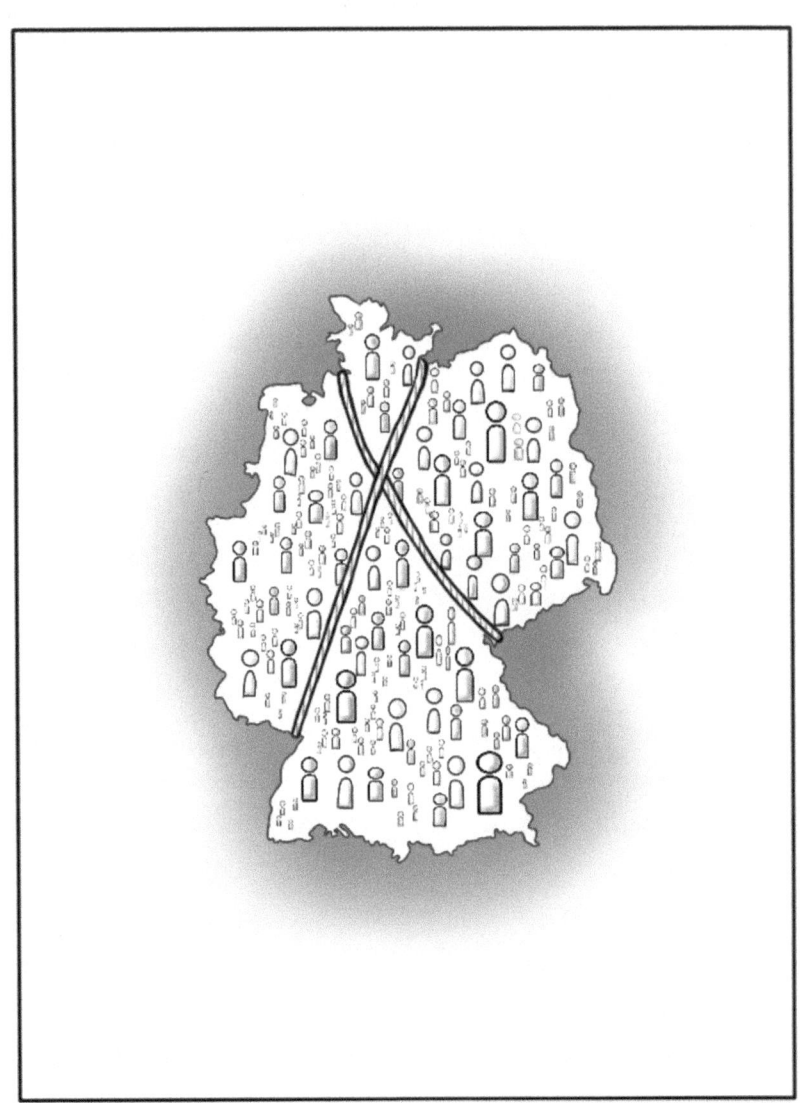

6. Ich fasse zusammen – wir brauchen eine zweite friedliche Revolution

Liebe Leserin! lieber Leser!

Ich frage mich die ganze Zeit: Wie konnten wir, die Bevölkerung, es nur zulassen, dass sich die Parteipolitiker unseres Deutschlands so weit von uns Menschen in diesem Land entfernt haben?

Vielleicht liegt es daran, dass die Politik und Administration für jede erdenkliche Situation einen perfekten Plan haben will. Alles, jedes möglicherweise einmal auftretende Problem soll perfekt durchdacht und rechtlich geregelt sein.

Vielleicht liegt es aber auch an einer unberechtigten Hilflosigkeit der verantwortlichen Politiker und Beamten in der Verwaltung. Sie haben Angst, Angst vor Dir, Angst vor mir, Angst vor uns allen! Deshalb verstecken sie sich oft hinter Formulierungen, die kein normal denkender Mensch versteht, hinter einer Bürokratensprache. Sie haben einfach nicht den Mut, neue Wege zu gehen. Und es ist die Angst davor, unsere Fragen an sie zu beantworten und über unsere Argumente nachzudenken.

Und somit befinden wir uns in dieser misslichen Situation: Du und ich, uns allen fehlt einfach das Grundvertrauen in unser politisches System, seine

Akteure, die Parteien und die gesamte Verwaltung. Gerade letztere ist zu aufgebauscht und viel zu kompliziert. Mindestens 70% aller Gesetze, Verwaltungsvorschriften und -abläufe könnten eingespart werden. Du findest, das ist zu viel? Dann bedenke: In meinem Buch habe ich Dir nur einen winzig kleinen Ausschnitt des fehlerhaften Ist-Zustands unseres Systems aufgezeigt. Weißt Du, ich könnte noch viel, viel mehr schreiben. Ja, ich könnte ganze Bücherwände oder eine Enzyklopädie mit all den Defiziten und Unzulänglichkeiten unseres Verwaltungssystems füllen. Wenn Du mir nicht glaubst, schaue einmal auf die Internetseite des „Bundes der Steuerzahler". Deine und meine Spenden, all unsere Steuern werden nur so verprasst, was das Zeug hält. Tag für Tag, Monat für Monat, Jahr für Jahr. Oder sieh Dir die Berichte der Rechnungshöfe auf Bundes- und Länderebene an.

Erinnerst Du Dich? Im Kapitel 3 habe ich Dir gezeigt, dass vor allem das Grundgesetz (GG) mit seinen Unzulänglichkeiten an diesem Tohuwabohu schuld ist. Es ist die Basis für unser heutiges politisches System, das eklatante Defizite in Hinsicht auf unsere demokratischen Grundwerte besitzt: Ich und Du, also wir das Volk, dürfen nämlich nichts in Deutschland entscheiden! Ferner begünstigt das GG die Macht der Parteien, weil es keine Spielregeln für sie gibt! Damit setzen sich in den Parlamenten nicht die besten Fachleute durch, sondern diejenigen, die die meisten Parteimitglieder hinter sich vereinen können. Oft sind das Technokraten. Natürlich begrüßen und verteidigen sie dieses politische System. Daher müssen wir über unser Grundgesetz eine intensive Diskussion führen, von Mensch zu Mensch. Wir werden feststellen, dass es Änderungsbedarf gibt, Verbesserungen und Reformen müssen durchgeführt werden. Welche Rechte haben zum Beispiel Kinder? Oder wie sieht es mit dem Schutz der Tiere und Pflanzen aus?

Und die nächste Frage in diesem Zusammenhang: Brauchen wir überhaupt einen föderalistischen Bundesstaat mit Bundesländern, wenn wir eine echte Volksherrschaft hätten? Ich sage nein! Zu oft mussten wir miterleben, wie das Gerangel um Kompetenzen und Geld zwischen Bund und Ländern zu mangelhaften politischen Entscheidungen geführt hat. Du siehst, es gibt genug Ansatzpunkte, um die Regierung und Verwaltung unseres Deutschlands geschmeidiger und reibungsloser zu gestalten.

Dieses fehlerhafte politische System hat über Jahrzehnte hinweg Hunderte von detail-verliebten Gesetzen hervorgebracht, die zu oft an der Realität vorbeigehen. Es ist ein bürokratischer Moloch entstanden, der uns einfach hemmt. Deshalb wird in Deutschland auch nur noch tagtäglich ein organisiertes Chaos verwaltet. Im Kapitel 4 habe ich Dich zunächst auf die Misere in der Landwirtschaft hingewiesen. Statt Qualität geht es nur noch um Masse. Tiere und Menschen sind unwichtig, ihre Wertschätzung ist verloren gegangen. Das Gleiche beobachten wir auch in der Arbeitswelt, wo die Verrohung in erschreckendem Maße zugenommen hat. Denke nur an die Ausbeutung der Arbeitskräfte in unserem heutigen, angeblich so sozialen Land. Und dies alles wird noch durch unsere Steuern finanziert! Ich bin der festen Überzeugung, dass wir, Du und ich, eine andere Richtung in Hinblick auf die Herstellung unserer Lebensmittel und der Regelung unserer Arbeitswelt einschlagen würden.

Das Versäumnis von Politik und Verwaltung, eine humane Arbeitswelt zu schaffen, trifft besonders die Frauen in unserem Land: Leider wird in unserer Gesellschaft vom Geschlecht auf den gesellschaftlichen Wert geschlossen. Seit Jahren kämpfen die Frauen um Gleichberechtigung. Es gibt ein Gleichstellungsgesetz, das gerade Jubiläum feierte. Doch wie sieht es wirklich mit der Emanzipation in Deutschland aus? Sind wir ganz ehrlich: Noch immer gibt es sehr viele Bereiche, in denen die Frau im Vergleich zum Mann benachteiligt ist. Komischerweise findest Du Frauen überall dort, wo oft große Not herrscht. Manchmal habe ich den Eindruck, dass der gesamte soziale Bereich ohne Frauen nicht aufrechterhalten werden kann. Ob in der Krankenpflege oder im Altenheim, überall, wo Barmherzigkeit notwendig ist, arbeiten überwiegend Frauen. Dafür werden diese „Berufungen" mit Abstand am schlechtesten bezahlt – oder gar nicht, nämlich als Ehrenamt. Alle wissen das – glaube mir – und keiner ändert etwas. Die verantwortliche Politik hatte seit

1949 Zeit (das sind ca. 24.820 Tage!), dieses Problem und alle anderen Miseren in unserem Staat, zu reformieren und zu verbessern. Und was ist passiert? NICHTS! Wahrscheinlich schaffen wir nur dann eine Gleichheit der Geschlechter, wenn es uns gelingt, alle Individuen oder Gruppen rechtlich, sozial und politisch unabhängig zu machen.

So viele unverständliche Verwaltungsvorschriften, so viele Probleme ohne vernünftige Lösungen, so viel Menschenverachtung in unserer Arbeitswelt. Grenzt es da nicht an ein Wunder, dass dennoch alles so gut funktioniert? Ehrlich gestanden – dafür bin ich sehr dankbar. Für die vielen Helden in unserem Alltag, die versuchen, trotz des Chaos die Ordnung aufrechtzuerhalten: wie jene Menschen, die dafür sorgen, dass die Bäume und Büsche entlang der Autobahnen beschnitten sind und nichts herumliegt auf der Fahrbahn; wie die Frauen und Männer, die die Kanalisationen überwachen und säubern; wie die Lokführerinnen, die Bus- und Straßenbahnfahrer, die uns sicher, pünktlich und zuverlässig überallhin bringen; wie jene Fachleute, die unser Trinkwasser prüfen oder sich um Gas und Strom kümmern. Und viele, viele andere. Sie alle sind gefesselt in einem Korsett aus Gesetzen, Vorschriften, Anweisungen und dem Zwang, alles detailliert protokollieren zu müssen, gefangen in der Überregulierung. Gehetzt und getrieben von der Meute der Technokraten und Gesetzesverdreher, die die Verwaltungen beherrschen. Es regiert das Kuddelmuddel! Du und ich, wir haben das nicht zu verantworten. Die führenden Politiker und Verwaltungsleiter haben in den letzten sechzig Jahren dafür gesorgt, dass diese Unordnung und das Durcheinander uns alle täglich beschäftigt. Weißt Du, wir beide würden so viel streichen, verschlanken und vereinfachen.

Besonders schlimm wirkt sich das auf Bauvorhaben im Verkehr aus. Denke alleine an die ganzen Vorschriften und den umständlichen Planungsprozess, wie ich ihn Dir in Kapitel 4.2. gezeigt habe. Im Ergebnis haben wir deshalb lauter marode Brücken und viel zu wenig Straßen mit viel zu langen Staus. Die von uns geforderte Mobilität können wir deshalb gar nicht erfüllen.

Aber natürlich sind davon auch ganz andere öffentliche Baustellen betroffen. Du willst noch ein letztes Beispiel? Nun gut: Da konnten wir im NDR Ende August 2016 sehen, dass der Stadtrat des schleswig-holsteinischen Orts Hohwacht eine riesige Ferienanlage auf Kosten von Geschäftsleuten plant, die nun zwangsweise umziehen müssen. Vielleicht will die Bevölkerung dies gar nicht? Hat schon mal jemand überprüft, wie gut sich die Investorengruppe und die Parteien im Stadtrat samt Bürgermeister und Landrat kennen?

Der Parteienklüngel in unserem Deutschland ist unerträglich. Es fehlt uns zu Recht das Grundvertrauen in unseren gegenwärtigen Staat und seine verantwortlichen Akteure. Und dann haben wir noch nicht einmal die Möglichkeit mitzubestimmen und mitzuentscheiden. Nein, nur alle vier Jahre dürfen wir über ein „Gesamtpaket" abstimmen. Verschiedene Bevölkerungsgruppen werden dann verstärkt von der einen oder anderen Partei angesprochen, die ihr große Versprechen macht. Das meiste davon bleibt natürlich Theorie und wird nie umgesetzt. Deshalb sage ich: Wir haben doch gar keine Wahl! Du und ich, wir dürfen nichts, rein gar nichts, bestimmen! Oder entscheiden!

Dies ist so gewollt und gewünscht. Denke nur daran, was ich Dir in Kapitel 2 erzählt habe. Innerhalb der Parteien herrscht ein erbarmungsloser Machtkampf. Eine Intrige jagt die nächste – da würden wir nur stören. Am Ende setzen sich dann die Alpha-Tiere durch. Nach außen hin tun diese Damen und vor allem die Herren aber so, als ob sie immer nur zum Wohle von uns allen arbeiten würden. Was für eine Dreistigkeit! Sieh Dir nur unsere Bundeskanzlerin oder Martin Schulz an, was sie uns für ein nettes, kleines Theater vorspielen.

Deshalb müssen wir uns dringend von den bisher verantwortlichen parteipolitischen Eliten lossagen. Wir müssen viel mehr „quer-denken!" Wer quer denkt, ist anders und eckt in unseren derzeitigen Systemen überall an. Er ist unbeliebt, unerwünscht.

Ich bin der festen Überzeugung, dass wir aufgrund unseres gesunden Menschenverstands die meisten Probleme viel schneller, günstiger, effizienter und menschlicher lösen würden. Weil wir die Sachen direkt auf den Punkt bringen würden. Du und ich würden es gar nicht zulassen, alles, aber wirklich auch alles zu verkomplizieren.

Dazu müssten wir jedoch in viel, viel stärkerem Maße an der Gesetzgebung in unserem Land beteiligt werden. In Kapitel 5 habe ich dazu vorgeschlagen, ein Intranet Deutschland einzurichten. Hier könnten wir in friedlicher Atmosphäre, unsere Meinungen austauschen und zu klaren Gesetzesvorschlägen kommen. Die Mitarbeiter, die bisher im Hintergrund für das Parlament tätig waren, fassen diese Ideen für uns zusammen. Dann können wir sie erörtern und darüber abstimmen. Danach sollten wir den Bundestag und die Bundesregierung auflösen, denn die Minister sollten zukünftig direkt von Dir und mir gewählt werden. Sie sollten auch nur noch unsere Gesetzesvorlagen umsetzen. Wir diskutieren, wägen ab – und entscheiden. Fertig! Wäre das nicht toll?

Der Sozialwissenschaftler Joseph Schumpeter sprach in den 1940er-Jahren von den „Intellektuellen": Es sei ein neuer Typ Mensch entstanden, der sich in der öffentlichen Debatte mit der Macht des gesprochenen und des geschriebenen Wortes artikuliert und so die öffentliche Meinung mitbestimmt. Ohne eine direkte Verantwortung zu besitzen. Doch Du und ich, wir alle sollten zukünftig die Möglichkeit haben, uns nicht nur auf unserer Plattform, dem Intranet Deutschland, auszutauschen, sondern durch Volksabstimmungen auch die Richtung der Politik in unserem Deutschland konkret vorzugeben. Also Verantwortung zu übernehmen, uns in unseren neuen Staat einzubringen. Wir erfinden sozusagen einen neuen, „heutigen" Typ des Intellektuellen. Du kannst das und ich kann das. Zusammen sind wir stark, eine Gemeinschaft!

Ich sage es Dir ganz deutlich: Das, was ich hier aufgeschrieben habe, sind keine Vermutungen oder irgendwelche Spinnereien. Nein! Es sind glasklare Fakten, die einen winzig, kleinen Teil des Ist-Zustandes unseres Deutschlands zeigen. Es sind die nackten Tatsachen. Und das Schlimme ist: Die Verantwortlichen befürworten dieses System und diese Gesetze, die so viele Fehlentscheidungen zur Folge hatten. Sie wollen gar nichts anders machen. Vor allem wollen sie das System so lassen, wie es jetzt ist. Damit sie uns auch weiterhin ihre Macht spüren lassen können und ihre Intrigen spinnen. Und so viele Milliarden jedes Jahr sinnlos vergeuden. Verschwenden, aus dem Fenster rausschmeißen. Und Du weißt: Es ist unser Geld!

„Gedenke der Quelle, wenn Du trinkst", sagte man im alten China. Die Quelle sind wir – 80 Millionen Deutsche: Junge und Alte, Arbeitgeber und Arbeit-nehmer, Handwerker, Kaufleute und Akademiker und viele mehr. Wir sind Deutschland! Wir sind das Fundament! Somit können auch nur wir alle, also Du und ich, unseren Staat verbessern, aktualisieren, heilen. Folgen wir dabei ruhig der Stimme unseres Herzens und unseres gesunden Menschenverstandes.

Nun, bisher hatte ich immer sehr viel Glück, denn bisher habe ich noch nie irgendwelche schlecht gelaunten, faulen Staatsdiener erlebt. Sie haben mir immer sofort geholfen, waren freundlich, hilfsbereit und zuvorkommend. Deshalb habe ich das Gefühl, dass dies auch für einen Teil unserer Politikerinnen und Politiker gilt. Diejenigen, die ich bisher erlebt habe, waren sehr fleißig, bissen sich teilweise durch die Vorlagen der Verwaltung und versuchten, ihre Ideen durchzusetzen. Aber leider immer in ihrer ideologischen Befangenheit verhaftet. Nicht fähig dazu, abweichende, vernünftige Gedanken in ihrer Partei zu äußern und Reformen innerhalb der bestehenden Staatsstrukturen durchzusetzen. So wird das Dienen zum Wohle des Staates zur hohlen Phrase. Oder anders ausgedrückt: Es geht nur noch um das System und nicht mehr um den Menschen.

Denn: Das Wichtigste in einer Gesellschaft sind wir! Keine Gesetze, keine Normen und keine Prozesse dürfen über dem Menschen stehen. Der Mensch muss wieder in den Mittelpunkt des Staates rücken. Wir müssen wieder lernen als Gemeinschaft zusammenzurücken, zusammen zu agieren und zusammenzuleben.

Wir Deutschen schaffen das! Wir haben schließlich eine friedliche Wiedervereinigung erreicht. Da schaffen wir auch eine zweite, humane, soziale, friedliche Reformation. In unserem Deutschland. Das, was noch niemand geschafft hat:

Wir bestimmen, was die Exekutive macht. Somit müssen wir die Ziele und den Weg vordenken und vorgeben, den Ministerien und Verwaltung gehen sollen.

Der Diplomat und Schriftsteller Stéphan Hessel sagte einmal:
„Neues schaffen heißt, Widerstand leisten.
Widerstand leisten, heißt Neues schaffen!"

Wir werden Widerstand leisten!
Wir stehen auf und gehen gemeinsam einen neuen Weg. Unseren Weg!

Mit dem gemeinsamen Ziel:
Du und ich werden alles in unserem Staat entscheiden, was mit unserem Geld bezahlt werden soll. Wir reden und diskutieren in unserem neu geschaffenem Intranet Deutschland über alles. Dann machen wir Vorschläge, zu denen wir alle wiederum unsere Meinung äußern können und schließlich stimmen wir darüber ab. Die Gesetzgebung in unserem Land ist endlich transparent.

Und:
Wir alle gehen am 24. September 2017 **NICHT** zur Bundestagswahl, sondern reformieren unser Land.

Ecken wir an! Schaffen wir endlich eine Demokratie!